真田信治著作選集

シリーズ 日本語の動態
2

地域・ことばの生態

真田信治

ひつじ書房

まえがき

　本書は、「日本語の動態」に関するシリーズの第2巻である。日本語の多彩さのなかで地域差だけが目立っていた時代はすでに幕を閉じた。そのかわり、その地域差をふくむ社会差、機能差などのさまざまに絡み合った日本語のバリエーションが注目される時代が登場してきたのである。この巻では、その情況に関する私の既発表の論攷を選んで一本に紡いでみた。

　いわゆる伝統方言の退潮、それは時代の大きな流れである。しかし同時に、部分的にはそれに逆行するかにみえる小さな渦が発生して、それらが交ざりあいながら推移しているのである。私が「ネオ方言」という概念を提案したのは1987年のことであった。それは、関西弁の動態を追究するなかで発想、考案したものである。方言と標準語相互の干渉の過程で、従来の方言にはなかった新しい形ができつつある情況、特に若い人々が、従来の方言のスタイルから、また標準語のスタイルからも逸脱しようとする結果として、そこに中間的なスピーチスタイルが生まれつつある情況を認識してのネーミングであった。

　ネオ方言は、伝統的な方言スタイルではなく、かといって標準語スタイルでもなく、地域社会の人たちにとっては、まさに自分を主張できるスピーチスタイルなのである（もちろん、若い人々はフォーマルな場で標準語スタイルを運用できる能力も持ち合わせている）。

方言の復興に関して言えば、固定した伝統方言に固執し、それを無理に押し付けようとするのでは、かつての標準語を強要した構造と何ら変わりがない。しかし、そういった押し付けではなく、若者たちが地域に根ざした新しい方言スタイルを地域ごとに創出しつつある、といった情況に注目したいのである。

　自分たちの持っているものを卑下することなく、自分たちらしさを発揮するために使われることばを、プライドを持って運用する。地域分権の象徴として、方言の存在意義はそのような行動のなかにこそ認められるのではなかろうか。

　なお、本書は、大学の講義等での教材としても使えることを意図して、内容を全15章(全15稿)の構成で編集している。

目次

まえがき……………iii

図・表リスト…………viii

1. 地域のロゴス……………1

2. ことばの変化のダイナミクス……………15

3. スタイルとしての「ネオ方言」……………25

4. スタイル切り換えの様相……………33

5. フィールドワークの方法……………41

6. 関西方言の現在……………49

7. 変容する大阪ことば……………59

8. 世代とことば……………65

9. 方言の意識化について……………75

vii

10. ことばの社会的多様性⋯⋯⋯⋯87

11. 新しい発話スタイルに対する評価
    奄美の場合⋯⋯⋯⋯97

12. 方言研究における不易と流行⋯⋯⋯⋯109

13. 「方言周圏論」の陥穽を超えて⋯⋯⋯⋯119

14. 〈書評〉添田建治郎著
    『日本語アクセント史の諸問題』⋯⋯⋯⋯131

15. 方言研究の新たなる出発⋯⋯⋯⋯139

出典一覧⋯⋯⋯⋯149
あとがき⋯⋯⋯⋯151
索引⋯⋯⋯⋯153

図・表リスト

図1 標準語能力の4段階 …4

図2 自分のことばは標準語に近いと思うか(山口県) …5

図3 「べ」の消長(北海道・富良野市) …11

図4 アスペクト表現の推移 …12

図5 「書かなかった」(若年層) …17

図6 「来ない」(若年層) …18

図7 2拍名詞のアクセント形(西宮市・若年層) …20

図8 京阪式:東京式が○○▶:○●▷で対立する語のアクセント形
　　 (西宮市・若年層) …22

図9 要素としての「新方言」 …47

図10 「オトロシイ」の意味の分布(奈良・西吉野/大塔) …51

図11 「オトロシイ」の意味(老年層/若年層) …52

図12 「行かない」(大阪市) …53

図13 2拍名詞第4類のアクセント形の出現率(大阪市) …56

図14 アクセントの対応変換 …57

図15 「ミレル(見られる)」を使う地域 …68

図16 「ミレル(見られる)」の使用率(1974東京) …69

図17 アクセントの世代差(移住集落の場合) …73

図18 地元のことばは標準語とくらべてどうか(滋賀・今津) …77

図19 地元のことばは標準語とくらべてどうか(北海道・富良野/札
　　 幌) …78

図20 物の値段をたずねる形式(奈良・大塔) …79

図21 「ソードッシャロ」(京都) …80

図22 「ソーデショ」(京都) …81

図23 「ソヤカラ」(京都) …82

図 24 「ダカラ」(京都) …83
図 25 「ホッコリ」(京都) …84
図 26 「ハンナリ」(京都) …84
図 27 "I gave him one." …89
図 28 「あの方に差し上げた。」 …90
図 29 発話のバラエティの構造 …145
図 30 Varieties or styles in present-day spoken central German …147

表 1 スタイルシフトの事例(滋賀) …31
表 2 理由の接続助詞の切り換え——津軽 …34
表 3 理由の接続助詞の切り換え——名古屋 …35
表 4 理由の接続助詞の切り換え——広島 …36
表 5 理由の接続助詞の切り換え——高知(幡多) …37
表 6 理由の接続助詞の切り換え——東京(下町) …38
表 7 終助詞「ね」と「な」の使用情況(小学校 2 年次) …61
表 8 新しい方言形へのシフト …62
表 9 私はきのう役場に行かなかった(八丈島) …70
表 10 標準語といえば、どういうことばを指すと思うか(長野・木曽福島／開田) …76

1. 地域のロゴス[1]

1 日常生活の私秘化

　第2次世界大戦後の、特に1950年代の後半から始まった産業化と、それに伴う都市化の全国的な進展は、日本の村や町、そして伝統型都市がこれまで有してきたゲマインシャフト(共同体)的な性格の崩壊をさらに早める結果となった。地域社会の住民相互の連帯感・融和感がうすれ、孤立化が進んだ。他人とのかかわり方、結合の仕方に関して、ゲマインシャフトに特徴的な "親" の結合よりも "疎" の結合を志向する社会的性向が増大してきた。他人とはなるべく "疎" の関係でいたい。他人の世話はしたくないし、他人の世話にもなりたくない。こういう人間が増加してきたのである。日常生活の私秘化(privatization)とも言えるものである(渡辺 1986)。

　近年、私たちフィールドワーカーが調査拒否に出くわすことが多くなったのも、まさにこのためである。日本社会の都市化が進行すれば、この傾向は今後ますます増大していくであろう。

ここでは、こうした私秘化ということに関する言語面での象徴的な事例を、私のフィールドノートから示すことにしたい。

対象地は、北陸の一山村、富山県東礪波郡上平村（五箇山郷）である。この地での対称代名詞の一つに「ワリ」という形式がある。敬意を含まないもので、目下ないし年少の話し相手に対して使われるものである。かつてこの地域社会の子供たちは、全員がその成員すべてから「ワリ」と呼ばれていた。しかし、1970年代にいたって、この「ワリ」の運用の様相に明らかな変化が現れてきた。それは、話し手が「ワリ」を、自分の家の子供を対者とした場合に限定して用いるようになったという変化である。

地域社会の子供たち一般に対してのものであった「ワリ」は、その運用範囲をせばめたのである。そして、その範囲をカバーしたのは、対称詞としての直接的な名称（名前＋チャン）であった。ここには、地域社会の子供たちに対する人々の意識の変容が如実に現れているように思われる。つまりこれは、かつてのあくまでも地域社会全体のものであった子供たちが、しだいにそれぞれの家ごとのものとして把握されるようになり、他の家の子はあくまで他の家の子として認識され、扱われるようになったということの反映であろう。

他の家の子と自分の家の子との分け隔て——ミクロな事例ではあるが、これは、共同体意識の微弱化の一傾向としてとらえるべき現象と考えられる。

なお、「ワリ」は、その運用範囲をせばめた1970年代の半ばあたりを緩衝として、この地域独自に「ワイ」という形に変形したことを私はキャッチしている（真田1990）。この変化を

担った先陣は若年層の人たちであった。したがって、「ワイ」はまさに、井上（1985）で説かれるところの〈新方言〉である。

「ワリ」→「ワイ」は、語末音節の子音 r が脱落した結果生じた内的な変化と認められるが、このような内的変化が起こったのは、やはり「ワリ」の運用が限定されたこと、すなわち私秘化ということとかかわっていると考えられる[2]。

2　標準語と方言の混交

一方、戦後の地域言語社会でのトピックは、なんといっても、東京語の〈共通語化〉(common Japanization) であろう。特にテレビの普及によって、共通語化は圧倒的な勢いで全国的に進行した。

国立国語研究所は、山形県鶴岡市で 1950 年と 71 年の 2 度、サンプリングによる共通語化をめぐっての調査を実施した。そこでは、同一の調査項目や同一話者の追跡調査も含まれており、約 20 年間に及ぶ変化が見られる。この調査結果のうち主として音声面でのデータに基づいて、野元（1975）では、共通語化の過程を標準語能力の向上としてとらえ、地域社会全体から見れば、図 1 のような 4 段階のあることが示された。

Ⅰの段階は地域社会全体の標準語能力が低い状態、Ⅳの段階は地域社会全体の標準語能力が高い状態で、いずれも理論的に仮定したものである。Ⅱの段階は 20 代後半から 30 代にかけて最も標準語能力が発達している段階で、1950 年の調査の状態である。標準語能力のピークが社会活動の活発な時期と一致する。ところが、Ⅲの段階では年齢が低いほど標準語能力が高く

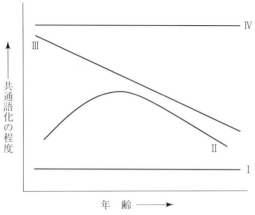

図1 標準語能力の4段階

なっている。これは1971年の調査の状態である。電波メディアの発達によって若年層の標準語能力が向上したためと考えられる。社会の変化に伴って能力の年齢分布が変化しているのである。

なお、共通語化の過程は、個人の中で見れば、標準語能力の向上である。ただし、注意したいのは、この〈標準語能力の向上〉イコール〈方言能力の衰退〉ではないということである。

事実、私たちの近年の方言語法の調査では、各地で年齢が若くなるほどに方言形が多く回答されるという結果がめだってきている。また、「あなた自身のことばは標準語に近いと思いますか」といった意識調査においても、「思わない」とする回答が老年層より若年層に多い傾向が認められる。図2は山口県における実態である（藤田・田原1990）。

これらの背景にはおそらく、若年層が標準語を比較的自由に

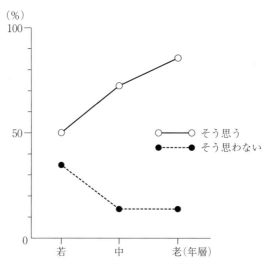

図2　自分のことばは標準語に近いと思うか(山口県)

使用できるようになり、方言を対比的・客観的にながめられるようになった、ということがあろう。標準語と方言との弁別を正確には内省できない老年層との差がそこに現れているのである。老年層のほうが方言能力が高いといった時代は、すでに過去のものとなりつつあるようである。

　同じひとりの人間の頭の中に、方言と標準語が併存している。したがって、そこには必然的に、両者の接触と互いの干渉がおこる。そしてそこでは、方言と標準語との混交が生じることになる。方言と標準語とがミックスしたような中間形の発生は、全国各地において、音声、語、文、文章、そして談話の、それぞれのレベルにおいて観察されるところである。沖縄でのいわゆるウチナーヤマトゥグチしかりである。そして、その中

間形による表現が現代の地域社会でのスピーチスタイルとして
定着しつつある、といった情況が存在する。

　事例を福岡市の若年層の会話に見よう。これは、ある短大祭
での会話を録音し、文字化したものである。収録は 1985 年 10
月、場面はクラスの催しものとして開かれたクッキー屋の店先
である。A・B・C・D・E の 5 人の店番と客 O・P(いずれも女
子短大生)が登場している。

　A　「先輩、クッキー買ってください。クラスのなんです。
　　　200 円です。」
　B　「ねだん書いとらんとがいかんっちゃない。」
　A　「行っちゃった。」
　　　(C がやって来る)
　A　「学友会の方どうしたと？」
　C　「もう全部売りきれてからね、売らんでいいて。」
　B　「こっち売って。」
　A　「こっち手伝ってよ。」
　C　「うん、あ、これ(400 円の大きな包みの方をさして)売
　　　れたっちゃんね。」
　B　「うん、二つ売れた。」
　A　「クッキーいかがですか。」
　D　「ホームメイドですよ。」
　B　「よし、来た来た。クッキー買い、買い、絶対買い。」
　C　「自分が好きなの選んで、選んで。」
　D　「もう、どれもちゃきちゃきおいしいですよ。もう、
　　　ほっぺたが落ちても知りませんよ。」

C 「あ、それ？」

B 「あした買うて。」

C 「そしたら、あした取っとくよ。特大の方を、やろ。」

A 「キープしとっていいよ。」

C 「キープしとこうか。どうもありがとうございます。」
（客Oが来る）

O 「クッキー買っちゃる。」

E 「あ、やった。なに、好きなの買って。200円と400円。」

O 「どうちがうと？」

C 「まあ（作った人の）人それぞれやん。」

E 「これは根の明るい人（の作ったクッキー）よ。これはよく風邪ひく人よ。」

O 「なんでえ。薬でもはいっとうと？」

E 「ううん。うそうそ。おいしいよ全部。」

O 「ねえ、どんなクッキー？」

B 「えっとね、ホームメイド。しゃきしゃきのホームメイドよ。」

C 「しゃきしゃきげな。ちゃきちゃきと言って。」

O 「じゃ、これ。」

B 「やった。ありがとうございます。」

C 「これ、あたしこのお得用（400円の大きい方のクッキー）を売りたいとう。」

A 「あたし、K先生に売ったっちゃが。」

C 「ああ、K先生ね。もっかい先生通らんかなあ。」

A 「K先生とね、しげよちゃんの友だちに売ったと。」

C 「あたしも売ろう。」

A 「クッキーいかがですか。」

C 「みんな警戒してここ通らんっちゃない。あたしたちの
クラスの人。」

A 「うん、なんかさびれたっちゃん。」

C 「あ、マミが来た、マミが。マミー、買わない。——売
れんね。身内（クラスの友だちのこと）がはよ来な。」

A 「クッキーいかがですか。」

C 「やっぱさ、みんなで一斉に立ってからやらな。そして
すわりよっちゃろう。あたし、学友会の方も行かないか
んっちゃんね、たぶん。3時になったら行こう。ちょっ
と休んで。」

E 「あたしたちのクラス、あした（学友会の）当番になっと
うと？　いちおう全部（当番が）決まっとると？　あたし
たちも行かないかんと？」

B 「でも（学友会の方は）今日売り切れたけん、もうないっ
ちゃろ？」

C 「うん。」

B 「なら行かんじぇ。」

C 「うん。」

B 「あしたも（当番が）ないっちゃろう？」

C 「うん。」

E 「あ、ラッキー、ラッキー。」

　（客Pが来る）

P 「あたしの顔が天使に見える？」

B 「見えます。好き好き。」

P 「おいしかったあ、さっきの。」

B 「ほんと、買って買って。好きなの選んで。」

P 「またおいしいの選んで。」

B 「どれがおいしいかいな。」

P 「さっきの当たりやったよ。」

B 「へえ。」

A 「これがかわいいよ、すごく。」

B 「あ、あれ E が作ったんだ。」

P 「おいしかったよ。」

E 「ありがとう。形が悪かったやろう。でも。」

P 「いいや。おいしかった。みんなで食べた。放送受付で
　　ねえ、みんなでがばがば食べたらねえ、また買って来い
　　て。」

E 「ほんと、わあ。よかった、おいしいって言われて。」

B 「よかったねえ。」

(『言語生活』410、1986.1 による。録音・文字化＝木部暢子)

これを見ると、博多弁と東京弁とが微妙に使い分けられている
ことがわかる。「やっぱさ」、「作ったんだ」などの運用に留意
したい。若年層がこのようなスタイルを好んで用い、それが広
まっていく裏には、あまり方言色の強くない、かといって標準
語や東京弁ほど都会的でもないものを共通のアイデンティティ
としているということがあろう。地方の若年層は、同じ地域の
老年層とも、また中央の若年層とも異なった、あるスピーチス
タイルを求めているようである。

3 対応の単純化

ところで、最近の若年層においては、いわゆる「トラッド志向」を背景に、標準語をもう一度方言へ引きもどそうとする傾向も顕著になってきている。しかしそれは、一方に標準語を意識しての〈対応変換〉であるがゆえに、そこでは興味深いさまざまな現象が生起している。

事例としては、まず、東北日本方言の指標の一つともされる「べ(ー)」という形式の動態を取り上げよう。

「べ(ー)」は元来、「あいつは行く<u>べ(ー)</u>」のような文脈で〈推量〉を表したり、「いっしょに行く<u>べ(ー)</u>」のような文脈で〈勧誘〉を表したり、また、「明日こそ行く<u>べ(ー)</u>」のような文脈で〈意志〉を表したりするのに用いられる形式であった。

国立国語研究所の北海道富良野市での調査(1986年)によれば、この地における「べ」の使用率は、年齢が若くなるにつれて上昇する傾向が認められる。若年層の、特に男性において使用者が激増しているのである。すなわち、方言形「べ」の再生である。

ただし、これは〈推量〉に対応する「べ」に関して言えることであって、〈勧誘〉に対応する「べ」については、使用率が増加する傾向はほとんど見られない(図3)。〈勧誘〉や〈意志〉を表す場合には、たとえば「行く」であれば「行こう」という形式になるのが一般のようである。したがって、若年層においては、〈推量〉と〈勧誘〉・〈意志〉とが表現形式の上で分化したわけである。

これは、範疇としては標準語にパラレルに対応するものであ

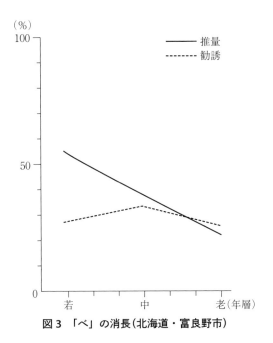

図3　「べ」の消長（北海道・富良野市）

ろう。標準語においては、「あいつは行く<u>だろう</u>」（推量）、「いっしょに行こ<u>う</u>」（勧誘）、「明日こそ行こ<u>う</u>」（意志）のように、〈推量〉と〈勧誘〉・〈意志〉とで表現形式を異にしているからである。

　「べ」の復権は、標準語の「だろう」の機能を意識しつつ成ったものと考えられる。接続形式の上から、また対応変換の対象が定めにくいところから、「べ」が〈勧誘〉・〈意志〉までに回帰するにはいたらなかったのであろう。結果として、「べ」の意味が限定されることになったわけである。

　もう一つの事例として、西日本方言の指標の一つともされる

アスペクト表示形式「トル」の動態を取り上げよう。

「トル」は、たとえば「雨が降っ<u>トル</u>」のような文脈ならば、いまは降ってはいないが、水たまりなどを見て、雨がすでに降ったと認知する、という結果態を表すものである。「トル」は本来「テ＋オル」に由来するもので、地方によっては「チョル」などの形をとることもある。一方、これらの地では、雨であれば、その雨がいま降っている最中であるという進行態を表す形式に「ヨル」があり、「雨が降り<u>ヨル</u>」のような文脈で用いられている。「ヨル」は「オル」の変形したものである。

ところが、現在、この「ヨル」は退縮しつつあり、それに連動して、その枠に「トル」が侵入を始めている地点のあることが指摘されている（井上1992）。したがって、この変化がさらに進めば、進行態と結果態の表現が「トル」という形式で統合されて、両者の区別がなくなることも予想される（図4参照）。

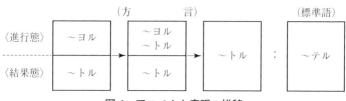

図4　アスペクト表現の推移

実は、こうした流れこそは、標準語と方言との間に存在する対応を単純化させる方向にむかったものと言えよう。標準語においては、進行態と結果態とは、表現上の区別がなく、いずれも「テル（テ＋イル）」で表されているからである。

注

(1) ロゴス(logos)とは、「ことば」「論理」といった意味合いである。

(2) 「ワリ」の原形は「われ」であろう。したがって、ワレ→ワリ→ワイの変遷が認められるのである。

参考文献

井上史雄(1985)『新しい日本語─《新方言》の分布と変化』 明治書院

井上文子(1992)「「アル」・「イル」・「オル」によるアスペクト表現の変遷」『国語学』171

真田信治(1990)『地域言語の社会言語学的研究』和泉書院

野元菊雄(1975)「年齢階梯と言語」『新・日本語講座10 ことばと文化・社会』汐文社

藤田勝良・田原広史(1990)『山口県域の方言動態小報告』私家版

渡辺友左(1986)『社会変化と敬語行動の標準』(国立国語研究所報告86)秀英出版

(1993.6)

2. ことばの変化のダイナミクス

1 新しい非標準形式について

　伝統的な方言が全体として音をたてて崩壊しているように見える現代において、新しい方言形の誕生といった視角から、地域語の動態を追究し、斯界に多くのデータを提供した井上史雄氏の、いわゆる「新方言」の研究は、地域語のしたたかさを改めて確認させるものであった。井上氏は、新方言を、「若い世代に今広がりつつあり、改まった場面では余り用いられず(つまり文体が低く)、しかもいわゆる標準語とは語形が違うもの」と定義している(井上 1985)。

　ここで筆者が検討しようとするものは、今、関西方言において、標準語の干渉を受けて生まれつつある新しい非標準形式についてである。この形式は、井上氏の「新方言」とはその概念を異にするものと考えるので、ここでは、あえて neo-dialect と称することにする。

　以下、具体例を示そう。

2 語法面での事例

　打消過去の表現の関西方言での元来の形は、「書かなかった」を例にとると、「書かナンダ」であった。このナンダは、打消のンに対応する過去の形である。一方、打消のヘンに対応する過去の形はヘナンダである。ところが、打消の面が強調されて、ヘンナンダという形が造られた結果、ナンダはその表す意味内容の打消面をヘンにゆずって、もっぱら過去面だけを受け持つことになった。その段階で、ヘン（打消）＋ナンダ（過去）という構造意識が生まれたのである。このナンダが過去のタ（ダ）に置き換えられると、ヘンダという形も造られる。

　このようなところに標準形式のナカッタが干渉して、ヘンカッタという新しい形式が成立することになる。そして、この構造はンの場合にも類推されて、「書かンカッタ」のような、ンカッタという形が発生したのである。

　図5は、筆者が1985年に関西中央部の神戸市から京都市にかけての地点、および名古屋市で、14-23歳の男女約900人を対象として調査した結果を示したものである[1]。

　従来の「書かナンダ」や「書かヘンダ」はいまや消滅寸前にある一方、新しい形式の「書かヘンカッタ」「書けヘンカッタ」が圧倒的な勢力をほこっていることがわかる。前部形態素「書か」と「書け」は、京都と大阪で相補的に分布しているが、大阪での「書けヘン」は、「書かヘン」の「か」の母音が後続の「へ」の母音によって影響された、いわゆる逆行同化による新形である。

　周辺部の神戸市や名古屋市には「書かンカッタ」が多く出現

2. ことばの変化のダイナミクス 17

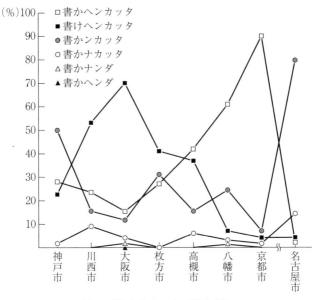

図 5　「書かなかった」(若年層)

している。なお、標準形式の「書かナカッタ」は名古屋市でやや高めに現れているほかはいずれの地点においても使用率 10% 未満のものに過ぎない。

次に、カ行変格活用動詞「来る」の打消の形式の様相について見よう。「来ない」に対応する関西中央部での形は、従来「ケーヘン」(大阪周辺)、「キーヒン」(京都周辺)とされているが、若年層においては、「コーヘン」という形が多用される傾向にあることが指摘される[補1]。

ただし、その後の筆者の調査では、この形は、神戸市で 70.3%、京都府八幡市で 57.3% などと高い率で出現しているが、

大阪市ではまだ「ケーヘン」が71.7％と圧倒的で、「コーヘン」は14.1％にとどまっている（図6）。

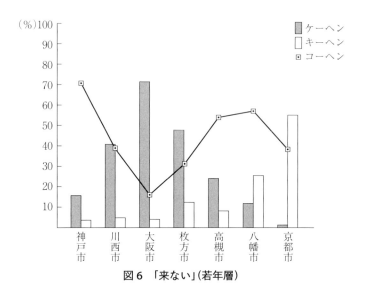

図6 「来ない」（若年層）

　「コーヘン」の形は、兵庫県の播州地方や滋賀県の湖北地方などではかなり古くから存在していたようであるが、これらの地方では、打消の助動詞に「ン」も併用されているので、その接続形「コン」との接触で「コーヘン」が生まれたものと推測される。ただし、神戸市や八幡市での「コーヘン」がこれら周辺の方言からの流入によるものだとするのはやや不自然のように思う。関西中部における「コーヘン」は、やはり標準形式「コナイ」の干渉を受けて新しく成立したものと考えたい（真田1986）。

注目されるのは、この新形式が、旧世代からは、当地の規範に照らして、"訛った言い方だ"、"違和感がある"などとして往々非難の対象になっているという事実である。なお、大阪市でこの「コーヘン」の普及が比較的遅く、「ケーヘン」が強く維持されているのは、この地の言語面での保守性を示すというより、上述のように、この方言ではヘンが動詞に付くときエ段に接続するのが一般であることと関係しているのであろう。

3　アクセント面での事例

近年、関西方言において、2拍名詞の、いわゆる第5類に属する語の2拍目の拍内下降音調が衰退して、語単独では、第4類と同じ○●形で発音されるようになったことが杉藤美代子氏の調査で明らかになっている（杉藤 1982）。ところで、さらに最近では、第4類に属する語が、文脈中において、助詞を伴う場合に、第5類の語と同様に○●▷形で発音される傾向が見受けられるのである。兵庫県西宮市の若年層を対象に、この側面を調査した坂田直子さんの報告[2]によれば、その実態は、図7に掲げるようであった。なお、インフォーマントは37名である。

これによると、第5類、第4類ともに標準形式（東京式）への変化が著しいことがわかる。東京式の●○▷形の出現率は、すでにすべての語で過半数を超えている。特に、第4類での本来の京阪式の○○▶形はいまや消滅寸前の情況にある。そして、もっとも注目されるのは、ここに○●▷という形がかなりの比率で出現していることである。これはまさに新しい非標準形式

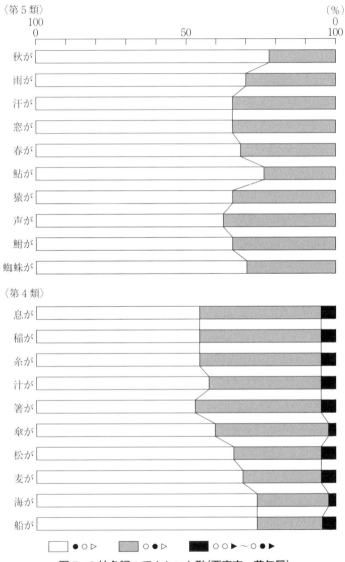

図7 2拍名詞のアクセント形(西宮市・若年層)

である。

　さて、この第4類における○●▷形はどのような経緯で生まれたものなのであろうか。その第一の要因は、上述したように、語単独の場合に第5類と第4類とが同じ形に発音されるようになったことに求められる。ここに、文脈中でも両類の形が同じものとなるひとつの素地があった。そして、もうひとつは、やはり標準語の干渉である。標準語（東京語）では、第5類と第4類は語単独でも、助詞を伴う場合でも、同じ●○▷形で区別がない。一般に、関西のことばを母方言とする人は、標準語（東京語）の●○▷形を耳にして、それを自分の音的フィルターを経由して口から発する段階では○●▷形に変形して発音する傾向がある。そのようなプロセスにおいて、○●▷形が新しく登場してきたものと筆者は考える。しかし、この情況は、結果として、2拍名詞の第5類と第4類とが、関西においても統合への道を歩み始めたことを示すわけで、アクセントの歴史的変化にとって、きわめて注目すべき動向と言えるのである。今後のなりゆきを見守りたいと思う。

4　過剰修正

　ここでは、標準形式の影響という側面を別の角度から確認しよう。関西人の多くは「東京と関西ではアクセントが逆になっている」と意識しているが、図7での第5類、第4類における●○▷形の出現は、まさに標準語（東京語）への修正の一環として位置づけられるものである。

　図8は、京阪式で○○▶形、東京式で○●▷形の対立をなす

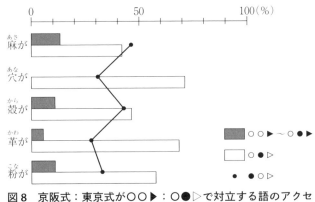

図8 京阪式：東京式が○○▶：○●▷で対立する語のアクセント形(西宮市・若年層)

とされる語彙の、現代の西宮市若年層におけるアクセント形の実態を示したものである(やはり坂田さんのデータによる)。

ここに注目される現象が見られる。○●▷形の存在は上記の情況からしても予想されることではあるが、興味深いのは、●○▷形がここにもかなりの程度に出現してきていることである。これはおそらく「東京と関西ではアクセントが逆」という意識を背景とした、誤れる回帰と思われる。これらの語彙に関しては、●○▷形は標準語(東京語)にもないもので、これは過剰修正(hyper-correction)による変形であろう。

注
(1) 真田信治「関西中央部の若年層における言語使用の動向」『関西方言の動態に関する社会言語学的研究』科学研究費1988年度研究成果報告書による。

(2) 坂田直子『近畿方言におけるアクセントのゆれ―特に2拍語の○○▶型について―』(大阪大学文学部 1986 年度提出卒業論文)による。

参考文献

井上史雄(1985)『新しい日本語―〈新方言〉の分布と変化―』明治書院
真田信治(1986)「新しい方言の発生と伝播過程」『月刊国語教育』6-4
杉藤美代子(1982)『日本語アクセントの研究』明治書院

(1987.1)

補注

(1) さらに最近では、「コーヘン」をもとにした「コヤン」という形が使われつつあることが指摘されている。この点については、鳥谷善史「関西若年層の新しい否定形式『ヤン』をめぐって」(『国立国語研究所論集』9、2015)を参照されたい。

3. スタイルとしての「ネオ方言」

1 はじめに

　筆者は、「標準語」と「方言」を、スタイルを軸として捉えている。ごく大まかに言えば、それぞれの地域にフォーマルな場面でのスタイルと、カジュアルな場面でのスタイルとがあって、それが「標準語」と「方言」という形で対応し、対立していると認識しているのである。

　ところで、スタイルというのは、いわば構造的概念である。したがって、スタイルは、言語の社会的側面、つまり〈製品〉としての言語にあるわけである。ある語（・表現）にスタイルの対立があるということは、スタイルによる制約があるということで、それがある種の文脈や場面では使われにくいということである。しかしもちろん、このような制約がすべての語（・表現）に見られるわけではない。つまり、どのような文章のなかで使っても不自然でないような語（・表現）が多く存在するのである。このようにスタイルから見てニュートラルな語（・表現）を中層として、スタイルとしての価値がこれよりも上のものと

下のもの、といった3分類が採られるのが普通である。もちろんそれぞれは連続しており、程度の差によるものではあるが。

　ここでは、「標準語」の運用に照らして考えてみよう。たとえば、儀式のような場面では「標準語」が多用され、「方言」はあまり出てこないのが一般である。また、家庭での日常生活の場ではその逆であろう(ただし、ここで「標準語」と称しているものは、各地域、各個人が、それぞれに指向している改まり語コードのことであって、いわゆる「日本標準語」といったものではないことに注意。たとえば、沖縄などでは儀式の場、いわゆるハレの領域で伝統的な方言が「標準語」として運用されることがある)。このような運用判断をするのは基本的には話者である。ある場面、情況に対して、そのコミュニティでの規範として、あるいは個人的意識からして、話者がどのようなスタイルを口にするか、話者の心がその適切さを決めるのである。

2 「ネオ方言」をめぐって

　標準語と方言の相互干渉のプロセスで、従来の方言にはなかった新しい形式ができつつある。方言と標準語とが混交した中間形式の発生は、全国各地で、音声、語形、文、文章、さらには談話の、それぞれのレベルで観察されるところである。そして、その中間形式による表現が地域社会の若年層のスピーチスタイルとなっている情況が観察される。これが従来の「方言」とは区別される「ネオ方言(neo-dialect)」と筆者が称しているものであるが、スタイルという以上、それは構造的概念な

わけで、その〈製品〉としての実体は、個別的にではなく、網羅して記述すべきである、といった声も聞こえている。しかし、「標準語」「ネオ方言」「方言」の弁別において難しいのは、個々の要素を独立させて取り上げ、それぞれのスタイル的特徴を、かつての書きことばを対象とした研究のように、いわば内省演繹的に「文章語」「日常語」「俗語」といったようには記述できないという点である。その記述は、具体的な使用場面、文脈から帰納的に行なわなくてはならないからである。

　次は、神戸での若年層の日常的談話の事例である。高校時代の仲良しメンバーが、久しぶりに出会って話しあっているところを収録したものである。話者はいずれも 1982 年生まれの女性である。

A　でもな。うちらってなー。あっしって古くさいんかなって思うくらい、なんか、すごーい、あっしはすごいもう高校のときの友達もすごい大事やからー、会いたいって思うし、みんなにたまには会って遊びたいって思うけどー、これぐらいなんかあっしの気持ちがー、Eとか、FとかGさんにしてもー、ないんかなって思ってー。そう思うとなー。

B　だからさー、みんなさー。

A　うん。

C　てか。あたしらなんで仲良くなってたんやろな？

B　わからん。

C　てか。もともとなんの集まりかわからんくない？

B　2年4組やん。

A　でもすごい仲良くなったよな？

C　2年4組やけど、なんか六甲カントリークラブに行こうってゆっとったぐらいから。

A　あー。ゆっとったー。

C　仲良くならんかった？　あれ、結局行けんくなったけどー。

B　あー。行けんくなったなー。

A　うん。うん。うん。うん。

C　てかさー。あたしさー。こいつが大好きやったんよー。

B　電車やろ？

A　はい。はい。はい、来た。はい、来た。

C　ちゃう。なんか、あたしらの思い出話、はなしたってよ。みんなに。

　このようなスピーチスタイルの運用が現在の関西圏の若者たちの一般的なレジスターになっているといっても差し支えないであろう。おそらく彼らは伝統的な方言コードはうまく運用できないであろう。一方、標準語コードに関しても、その運用はおぼつかないのではないか。社会生活のなかでフォーマルな場面に往々遭遇する段階になればコードはやや精密になるだろうとは予想されるものの、それはまだ極めて制限されたものでしかないのである。

　このデータから指摘される点もいくつかある。伝統的方言形(「や・やった・やろな」「わからん」「ちゃう」など)や標準語形との混交形式(「ゆっとった」「ならんかった」「わからんくない」「行けんくなった」など)も散見しているのだが、注目され

るのは、標準語形へのシフトが目立っているということである（「から」「会って」「思って」など）。

　なお、筆者は、このような混交・混用現象だけをもって「ネオ方言」という概念を提唱したわけではない。地域の若者たちが、従来の伝統的方言スタイルから、また標準語のスタイルからも逸脱した結果生まれてきた新しい中間言語的スタイルを、いわば「自分たちのことば」として、そのアイデンティティの拠りどころとして意識的に活用しようとする、そのような復帰運動への、いわばシンパとしての名づけであったつもりである。それが、標準化の一過程で出てきた中間段階のものとして単純に位置づけられるとすればやや不本意である。そのような位置づけに関しては、井上史雄「ネオ方言と新方言」（『西日本におけるネオ方言の実態に関する調査研究』科研費成果報告書―大阪大学文学部・真田信治―、1997）を参照されたい。

　ところで、上のデータでも確認されることであるが、「標準語」と「方言」の相互干渉という場合の「標準語」というのは、必ずしも改まり語コードに限らないという点を指摘したい。今、現実に地域の若者たちのことばに一番の影響を及ぼしているのは、マスメディアを通じて流される東京語でのカジュアルなスピーチスタイルであるとも言えるのである。しかし、関西の若者たちはいわば無意識的にではあろうが、それにある種のプレステージを感じていることも事実なのである。上のデータに見るように、間投助詞「さ」の頻用（「だからさー」「みんなさー」「てかさー」「あたしさー」）などは、まさにその結果であろう。

3 スタイルシフトの事例

　さて、スタイルといえば、フォーマルなスタイル、カジュアルなスタイルというように、一般には「改まり度」によって規定することが多い。しかし、必ずしも上(H)—下(L)の軸で規定できないスタイルシフトも実際には存在する。たとえば、大阪弁話者が関東に移住して、東京語を習得したとする。その話者が、関西の友達と会って話すときには大阪弁を使い、関東の友達と話すときには東京語を使うとした場合、それは「改まり度」によるシフトではないからである。そのことはあるいはネオ方言と方言との関係についても言えるかもしれない。

　関西圏での一人の話者のスタイルシフトを明らかにしたものに、東和枝さんの研究がある[1]。

　この研究では、滋賀県野洲町に住む一主婦(1948年生まれ)を対象に、a. 目上との電話、b. パート先の同僚との談話、c. 家庭でのおしゃべり、また、d. 地域外の人　e. 地域内の人　f. 娘　g. 配偶者、のそれぞれとの対話を収録し、語法レベルのいくつかの変項(variable)について、それぞれの聞き手に反応しておこるスタイルシフトを考察している。ここではそのポイントの一部を紹介したい。

　たとえば、理由の接続助詞「ノデ」「カラ」(標準形)「シ」(新方言形)「サカイ」(方言形)「デ」(古方言形)について、まず、標準形使用率の順位は、

　　　　a.＞d.＞e.＞b.＞f.＞g.＞c.

であるという。そして、各形式の切り替えの断層がこの順位のうちのa.とd.の間、またb.とf.の間にあるという。今、それぞれの領域を仮にα、β、γとし、それぞれの特徴を示したものが表1である。この切り替えの断層は、直接的には「特に改まって話す場面」とそうでない場面との間、及び「家族と話す場面」とそうでない場面との間である。

表1　スタイルシフトの事例(滋賀)

領域	ノデ	カラ	シ	サカイ	デ
α	○	◎	○	▽	×
β	×	◎	○	△	▽
	×	◎	○	△	△
	×	○	◎	○	△
γ	×	◎	△	△	○
	×	△	△	○	◎
	×	△	×	○	◎

凡例：◎もっとも多く使用、○20％以上、△5〜20％、▽5％以下、×非出現

　αでの特徴は、標準形の多さである。「ノデ」「カラ」が主に使用されている。βでの特徴は、「ノデ」の使用が消えたこと、新方言形の「シ」が多用されていることなどである。そしてγでの特徴は、古方言形と認める「デ」の使用が顕著なことである。

　このα、β、γの3分類は、実は筆者の「標準語スタイル」「中間的スタイル」「方言スタイル」という3段階のモデルに対

応しているのである。特に β は筆者が作業仮設として「ネオ方言」と名付けたスピーチスタイルに一致しているとも言えるようである。

このようなスピーチスタイルに関する、全国での具体的な検証調査が俟たれる所以である。

注

(1) 東和枝『地域言語の実態—個人のスタイルシフトからの一考察』（大阪大学大学院文学研究科 1999 年度提出修士論文）である。

（1999.11）

4. スタイル切り換えの様相

1 はじめに

　大阪大学大学院文学研究科社会言語学研究室における渋谷勝己さんの主宰するスタイルシフトプロジェクトでは、全国10地点において、さまざまな場面での談話を収録し、分析することによって、各地のスタイルシフトの様相を明らかにした(渋谷2002)。

　ここでは、その結果の一部を紹介しよう。各地点で収録された談話は、基本的に、老年層と若年層の話者を対象に、次のような組み合わせで行われた。談話の長さはそれぞれ約30分である。場面については、分析対象者の持つカジュアルスタイルとフォーマルスタイルを引き出すために、生え抜き同世代間、生え抜き異世代間のカジュアル場面と、初対面の調査者とのフォーマル場面が設定された。老年層と若年層では保持する標準語コードと方言コードのありかたが異なっていることも考えられるので、両者が対象とされた。老年層は60代、若年層は20代で、いずれも男性である。

以下、切り換えの分析対象とされた項目のうち、原因・理由を表す接続助詞を取り上げ、主要地点における事例を示すことにする。

2　津軽方言での事例

　津軽方言話者における原因・理由を表す接続助詞の切り換えは、表2のようである。

　老年層話者は、《対若》にハ（ン）デ、ドゴデという方言形を用い、《対調》にカラを用いるといった切り換えをしている。一方、若年層話者は、《対老》《対若》のいずれにもハ（ン）デを用い、《対調》にノデを用いるといった切り換えをしている。なお、《対調》に対する1例のカラについては、「学生が増えたカラだと思うんですけど」という文脈でのもので、もともとノデが備えていない用法部分での出現であった（阿部・坂口2002）。

表2　理由の接続助詞の切り換え——津軽

凡例：（表2〜6共通）：「対老」「対若」「対調」はそれぞれ「対老年層カジュアル談話」「対若年層カジュアル談話」「対調査者フォーマル談話」

	老（分析対象話者）			若（分析対象話者）		
	対老	対若	対調	対若	対老	対調
ノデ[*1]	—	—	—	—	—	32
カラ	—	—	12	—	—	1
ドゴデ[*2]	—	2	—	—	—	—
ハ（ン）デ	—	5	—	56	31	—

＊1　ンデを含む。

＊2　ドゴデは古い形式と意識されており、若（分析対象話者）は使用せず、ハンデのみを用いる。

3 名古屋方言での事例

名古屋方言話者における切り換えは、表3のようである。

老年層話者は、《対老》にカラ、モンデ、デの3つのバリアントを用いているが、《対調》には《対老》では用いなかったノデを用い、また特にカラの使用率が高くなるといった連続的な切り換えをしている。なお、モンデは両場面で用いられており、老年層話者にとってはニュートラルな形式である可能性がある。一方、若年層話者は、《対若》でカラのみ、《対調》でノデとカラを用いるといった連続的な切り換えをしている。ただし、《対調》ではノデの使用率が高く、カラの使用率は低くなっている(阿部2005)。

表3 理由の接続助詞の切り換え——名古屋

	老(分析対象話者)		若(分析対象話者)	
	対老	対調	対若	対調
ノデ[*1]	—	2	—	10
カラ	3	19	12	4
モンデ	2	4	—	—
デ	1	—	—	—

[*1] ンデを含む。

4 広島方言での事例

広島方言話者における切り換えは、表4のようである。

老年層話者は、《対老》では方言形のケーのみ、《対若》でもケーが圧倒的に多いが、《対調》ではノデ・ンデの使用が多く

なりケーを上回る。カラは、《対調》で2例用いられただけである。《対調》のノデ・ンデ、カラのうち、ほぼ半数が丁寧体に接続している。ケーはすべての場面で普通体に接続する。なお、《対老》《対若》では丁寧体に接続する例は現れなかった。老年層話者が《対若》で用いたノデ・ンデは比較的改まった話題において現れている。一方、若年層話者はすべての場面でケーを主に用いている。カラも全場面で用いられる。ンデの使用は《対調》でのみ見られる。なお、若年層話者が用いたカラはすべて丁寧体に接続している。ケーは《対若》での2例を除いて普通体に接続している。ンデが丁寧体と共起しない理由については、ンデ自体が丁寧さを含む形式として捉えられているからであろうと考えられる（篠原2004）。

表4　理由の接続助詞の切り換え——広島

| | 老(分析対象話者) | | | 若(分析対象話者) | | |
	対老	対若	対調	対若	対老	対調
ノデ	—	2 (2／0)	5 (3／2)	—	—	—
ンデ	—	5 (5／0)	32 (21／11)	—	—	2 (2／0)
カラ*1	—	—	2 (1／1)	4 (0／4)	1 (0／1)	5 (0／5)
ケー*2	59 (59／0)	32 (32／0)	15 (15／0)	19 (17／2)	4 (4／0)	25 (25／0)

下段は（普通体＋接続助詞／丁寧体＋接続助詞）とする。
*1　原因・理由の意味をもたない、継起的な文脈に付随的に表れるテ形接続のカラ（例：行ってから・見てから・行かんでから・ほんでから）は除外した。
*2　ケン・ケを含む。

5　高知(幡多)方言での事例

　高知(幡多)方言話者における切り換えは、表5のようである(松丸 2003)。

　老年層話者でのケンとカラの切り換えは連続的である。《対調》にもケンの使用が 10 例あるが、これにはケンが丁寧体と共起可能であることもかかわっていよう。一方、若年層話者は、方言形と共通語形をカテゴリカルに切り換えているようである。なお、若年層話者において、カラよりもノデが圧倒的に多いが、そこにはノデの方が丁寧な形であるという意識があるのかもしれない。ノデによる中途終了発話も多い(高木 2002)。

表5　理由の接続助詞の切り換え——高知(幡多)

	老(分析対象話者)			若(分析対象話者)		
	対老	対若	対調	対若	対老	対調
ノデ[*1]	—	—	—	—	—	40
カラ	1	1	14	—	—	2
ケン	44	36	10	27	4	—

＊1　ンデを含む。

6　東京(下町)での事例

　東京(下町)方言話者における切り換えは、表6のようである。

　老年層話者が使用するノデの割合は場面間でさほど変わらない。つまり切り換えの対象とはなっていないのである。一方、若年層話者は、《対調》においてノデを多く使用していることから、ノデが切り換えの対象となっていることが分かる。ただ

し、若年層話者の用いるノデはそのほとんどが、「やっぱ、遊
ぶのが、好きな<u>ンデ</u>…スポーツ、したい<u>ンデ</u>…はい」のような
中途終了発話文である。ここでは、文を最後まで言い切らない
ことによって含みを持たせる構造と普段用いないノデを同時に
用いることによって、丁寧さが効果的に表されている。この形
式は原因・理由よりも、丁寧さを表すことを目的としたストラ
テジーだと考えられる。

　なお、老年層話者の用いるノデはそのすべてが「形式名詞ノ
＋接続助詞デ」と解釈することが可能である。その典型的な用
例は、「俺ぁ、参加して、あ、なるほど、これは、いーなーっ
てゅ<u>ンデー</u>、それを取り入れたの」のようなものである。した
がって、老年層話者は原因・理由の接続助詞としてカラしか用
いないという可能性も考えられる。いずれにしても、老年層話
者におけるノデとカラは切り換えの対象となっていない言語項
目なのである（松丸・辻 2002）。

表6　理由の接続助詞の切り換え——東京（下町）

	老（分析対象話者）			若（分析対象話者）		
	対老	対若	対調	対若	対老	対調
ノデ*1	—	2	4	1	—	17
カラ	16	31	21	29	5	24

＊1　すべてンデ。

　ちなみに、松丸（2003）では、この東京（下町）での原因・理由
を表す接続助詞ノデとカラについて、用法・文型・丁寧形式と
の共起関係という観点から、その場面間の切り換え現象を中心
に詳細な再分析が試みられている。そして、次のような見解が

述べられている。

① 用法・文型の点で考えると、老年層話者の場合はノデの用法・生起できる文型が限られており、カラとは完全に対応しない。これはノデが文法化の途上にあり、カラとのバリエーション関係にまで至っていないことによるものであろう。
② 丁寧形式との共起の点から見ると、若年層の話者は、丁寧さという軸を基準として、ノデ対カラという切り換えを行っていると考えられる。
③ 若年層話者の場合、原因・理由の接続助詞としての典型的な用法・文型からはずれたところで、両形式にスタイル的意味が付与されるという言語的な制約条件が働いている可能性がある。

参考文献

阿部貴人(2005)「名古屋方言話者のスタイル切換え」『阪大社会言語学研究ノート』7 大阪大学大学院文学研究科社会言語学研究室

阿部貴人・坂口直樹(2002)「津軽方言話者のスタイル切換え」『阪大社会言語学研究ノート』4 大阪大学大学院文学研究科社会言語学研究室

篠原玲子(2004)「広島方言話者のスタイル切換え」『阪大社会言語学研究ノート』6 大阪大学大学院文学研究科社会言語学研究室

渋谷勝己(2002)「プロジェクトの概要」『阪大社会言語学研究ノート』4 大阪大学大学院文学研究科社会言語学研究室

高木千恵(2002)「高知県幡多方言話者のスタイル切換え」『阪大社会言

語学研究ノート』4 大阪大学大学院文学研究科社会言語学研究室
松丸真大（2003）「原因・理由を表す接続助詞の切換え」『阪大社会言語学研究ノート』5 大阪大学大学院文学研究科社会言語学研究室
松丸真大・辻加代子（2002）「東京下町方言話者のスタイル切換え」『阪大社会言語学研究ノート』4 大阪大学大学院文学研究科社会言語学研究室

（2007.10）

5. フィールドワークの方法

1　調査方法をめぐって

　ここでは、地域語フィールドワークの方法のいくつかについて紹介しましょう。

　まず大きく分けて二つの方法があります。一つは「面接調査法」で、もう一つは「自然観察法」です。

　「面接調査法」は、インフォーマント(話者)に直接対面して調査するものです。日本では、欧米と比較して相対的にこの面接質問調査が多いのではないかと思います。欧米にも、もちろん面接調査はあるし、実際多く行われているのですけれども、どちらかと言えば、欧米での研究においては、自然な会話を収集することに注意が払われていて、自然談話が第一と考えられているようです。

　この調査法では、対象とするフィールドに知り合いが、①いるか、②いないか、でインフォーマントとのコンタクトの取り方が変わってきます。

　①の場合、これはそのフィールドにコネクションがある、と

いう場合ですが、約束を交わして面談する、「予約面談調査」があります。これには1対1の場合もあるでしょうし、インフォーマントが2人ないし3人いて、その人たちに同時に尋ねる、あるいは調査者も加わる形でその人たちに会話してもらってそれを記録するという場合もあるでしょう。調査者も加わるという点で、これはいわゆる自然談話とは若干異なっています。このような調査法が日本では最も一般的だと思います。ある関係機関からの紹介を得て、そこに出かけていって、インフォーマントにいろいろ質問をするというわけです。質問の方式にはまたいろいろありますが、いずれにしても、そういう場を設定した上で調査するということになります。

　それから、「集合調査」というものがあります。私は若年層を対象とした調査の場合にこれをよく用いるのですが、たとえば中学校ですと、教室で一斉に、あるいは生徒たちに講堂などに集まってもらって、具体的な指示を出しながら、質問に対する回答を記入してもらう方法です。これには、同時にたくさんのデータが取れ、同じ刺激に応じた大量の反応データが収集できるというメリットがあります。ただし、この方法ではあまり微妙なことは聞けませんし、音声やアクセントの調査はむずかしいということがあります。適当にアクセント符号をつけてください、などと言っても、いわば素人には無理なわけで、それはできません。しかし、与えた文章をそれぞれに読ませて、それぞれにレコーダーに吹き込んでもらう、といったことは不可能ではなくて、実際そのような調査を敢行した人がいます。いずれにしても、これはもちろん、間に知り合いがいるというか、コネクションのあるところでこそやれるという調査です。

②の場合、これはそのフィールドにコネクションがまったくない場合です。"doorstep survey"、いわば「飛び込み面談調査」です。飛び込みですから、突然に、急にそこを訪ねるというわけです。これについては、レズリー・ミルロイの北アイルランドのベルファスト市内で行った調査が知られています。約500世帯を抱えるコミュニティを対象に、120世帯をランダムに抽出して、並んでいる家を5軒おきに訪ねたわけです。しかし、このような調査はなかなかむずかしくて、回収率が非常に低いということがあります。また在宅であっても、玄関で「結構です」と言われて、気の弱い人はそれで引き下がるのですが、強引な人は、結構ですと言われたからといって、結構なのならオーケーなのだと勝手に解釈して上がり込む、などといったこともあります(これは実際に私の見聞きしたことなのです)が、それでは信用を無くしてしまう、二度と調査をさせてはもらえなくなるでしょう。

そして「自然観察法」。これはフィールドワークの中核とも言える調査法です。言語および言語行動の実態を忠実に捉えようとする目的で、調査者ができるだけ直接介入しない形でデータを収集するものです。

「24時間調査」というものがあります。これはある個人が普段の生活でどのような言語運用をしているかを見るために、その人(々)の一日の言語行動のすべてを観察、記録する方法です。一日のすべてと言っても、寝ている時などを対象にするわけにいかないので、24時間というのは比喩的な表現ですけれども、とにかく、朝から晩まで、一日の言語行動のすべてを記録して、それを分析するというものです。たとえば、誰にどん

な敬語を使ったか、どんな情況で使ったか、などといったことを分析するわけです。

かつて、日本で生活する留学生たちがどんな日本語の環境のなかにいるのかを調査するために、教員と大学院生、そして留学生たちに依頼して、毎日１時間ずつ、日曜日をのぞく１週間、その指定した時間に各自にマイクを付けてもらい、すべての音声を収録してもらって、それを文字化し分析したことがありました。

対象にしたのは、その人の声だけではありません。周りから聞こえてくる声のすべてを扱ったのです。たとえば、その時間に駅のホームに立っていると、アナウンスが聞こえてくるわけですし、電車に乗っていると隣の人のおしゃべりが聞こえてくるわけです。なかには今見合いをしてきたところで云々…といった、プライバシーに触れるようなものが入っていたりもしましたが、ともかく、留学生たちがどんな日本語を平生耳にしているかをほぼ掴むことができました。このデータに基づいて、私は、特に語彙の分析をしました。どういった単語の使用頻度が高いのか、「にほん」と「にっぽん」など揺れている語の出現比率はどうなのか、といったことを分析したわけです。ちなみに、「にほん」と「にっぽん」の出現比率は15対１でした。

もう一つは「ネットワーク調査」です。これは文化人類学の人たちが採用している方法で、調査者自身がそのフィールドコミュニティの一員として一緒に生活しながら調査するというものです。誰と誰とが親しいか、日常相互にどういったコミュニケーションを展開しているか、などをチェックしていく方法で

す。そこでの生活者として、しかしあくまで調査者としての立場を崩さずに、言語運用のパターンを把握しようとするものです。

　これについてもレズリー・ミルロイの調査が有名です[1]。ベルファスト市内の３地区（伝統的な安定したコミュニティ、失業者で溢れるコミュニティ、再開発の過程にあって不安定なコミュニティ）で、生活しながら、それぞれでの住民の社会的ネットワークの強さと方言形を使うかどうかの相関を観察したのです。地域語研究の場合、このような調査は今まであまり多くはありませんでした。

　私は、日本の旧統治領南洋群島で文化人類学者と一緒に調査したことがあります。そして報告を書いたのですが、少し批判を受けました。そんな短い期間の滞在でよく論文が書けるものですね、と皮肉を言われたのです。そのときには、言語の場合、ある枠組みが発見できると一気に見えてくるものがある、時間をかけることだけが貴重なわけではない、などと反論したのですが、何かやはりひっかかるものがあったことも事実です。確かに言語研究の場合は調査の指標とすべき基本マニュアルが存在します。しかし、そのような調査リストからだけの結果に満足していては、本質は捉えられないのではないか、体を張るといったことが言語学ではあまりにも少ないのではないか、という反省の気持ちがあるのです。ただ、そうは言ってもデータを収集するのにはエネルギーを要するわけで、時間がかかる、費用がかかる、といったことがあります。そのような時間的、金銭的余裕がないことがジレンマでもあります。

2 「ネオ方言」VS「新方言」

　それは 1987 年のある日のことです。自宅のベランダで、ぼんやり虚空を見詰めていて突然 neo-dialect ということばが浮かんだのです。当時の私は関西方言の動態の追究に没頭していました。標準語と方言との接触、相互干渉の過程で従来にはなかった新しい混交形式ができつつある情況、つまり地域の人々が、伝統方言のスタイルから、また標準語のスタイルからも逸脱しようとする結果として、そこに中間的な地域スピーチスタイルが創造されつつある様相をどう捉えるかに悩んでいた頃でありました。この neo-dialect は後に「ネオ方言」と言い換えました。

　なお、井上史雄さんの提唱になる「新方言」の名は、当時すでに人口に膾炙していました。新方言とは、「若い人が」「標準語にない言い方を」「くだけた方言的場面で」使用する、そのことばを指すものです。したがって、すでにあるこの術語を上の概念に対して用いることには抵抗があったのです。

　「ネオ方言」と「新方言」との違いは、ネオ方言があくまでスピーチスタイルとして考えられているという点です。ですから、使用の場面・文脈を無視して、個々の要素を独立に取り上げることはできません。たとえば、往々、方言形「ケーヘン」と標準語形「来ない」との混交形「コーヘン」を語例として挙げるのですが、それは「コーヘン」をその中間スタイルにおける指標の一つとして例示しているだけであって、ある場合には「コーヘン」がネオ方言ではない運用情況も存在するでしょう。この点が新方言との基本的な相違です（図 9）。新方言は具体的

な要素を指すものなので、その要素の数を数えることができます。たとえば、井上史雄・鑓水兼貴編著『辞典〈新しい日本語〉』(東洋書林)は、新方言を集成したものですが、そこには「どの地域でも(東京も含め)少なくとも二桁の新方言事象が見つかると考えられる」などといった解説があります。一方、ネオ方言コードの記述は、具体的な運用場面、コンテクストから帰納的に行わなくてはなりません。それは必然的に談話テクスト集のような記録形態のものになるでしょう。したがって、個々の具体形式だけを取り上げて、それを「新方言」か、それとも「ネオ方言」か、などと問うことはナンセンスなわけです。

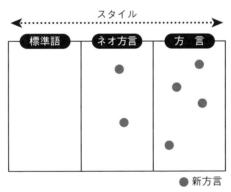

図9　要素としての「新方言」

注
(1) Milroy, Leslie (1980) *Language and Social Networks.* Oxford: Blackwell による。

(2004.6)

6. 関西方言の現在

1 はじめに

　筆者は、1983年以来、関西とその周辺地域でフィールドワークを続けてきた。一つは、新しい世代における言語運用の様相を明らかにすることであり、もう一つは、関西中央部の言語勢力の周辺部への波及情況を明らかにすることである。特に後者に関しては、グロットグラム（地点×年齢図）を用いて各地の動態を分析している。具体的には、御所—新宮間、彦根—岐阜間、大阪—岡山間などである。

　以下、これらの調査のデータのなかから、言語の変化理論構築にかかわるトピックを紹介しよう。

2 言語接触と体系調整

　ある言語変化が起こった結果、その言語体系に新たな均衡を求めてさまざまな体系調整（systemic regulation）が行われる。

　たとえば、「恐怖感」を表す形容詞としてのコワイとオトロ

シイを取り上げると、関西では、コワイが中央部にあり、オトロシイがそのまわりを取り巻くような形で分布している。したがって、オトロシイはかつて都でも使われていたと推測される。ある時期にコワイが流行したために次第に周辺へと追いやられたのであろう。つまり、関西においては、コワイが新しい表現形、オトロシイが古い表現形と考えられる。われわれの御所―新宮間での調査（1986、1987）の結果でもそのことは確認されている。すなわち、十津川村以南ではオトロシイが一般的であるが、大塔村、西吉野村以北にはコワイが浸透しつつある。そして、興味深いことは、コワイが上にかぶさった地域でオトロシイの意味が変容しつつあるという事実である。

　図10は、大塔村、西吉野村の老年層における「オトロシイ」の意味の分布を描いたものである（真田・ロング 1991）。南側の大塔村にはまだ本来の意味での〈恐怖〉を表すものとして使われているところがあるが、北側の西吉野村では〈めんどうくさい〉の意味での使用が一般的になっている。新表現のコワイの侵入によってオトロシイが意味を変えたのである。これは、いわばオトロシイの生き残り作戦とも言える。

　図11は、この地域での老年層と若年層の比較である。「白銀」「賀名生」「宗檜」はいずれも西吉野村内の地区名で、それぞれ北部、中部、南部に該当する。若年層では、〈めんどうくさい〉が圧倒的になって、コワイと意味を分担して安定した状態になっていることが観察される。なお、オトロシイにおける〈疲労〉の出現については、この地でのコワイという語が本来持っていた意味からの転移とも考えられる。

　次に、大阪市内における打消表現の動態を事例として取り上

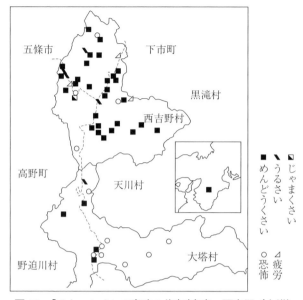

図 10 「オトロシイ」の意味の分布（奈良・西吉野／大塔）

げる。たとえば5段活用動詞の打消形「行かない」に対応するイカヘンという表現は本来強調形のイキワセンに由来し、イキヤヘン→イキャヘン→イカヘンと推移するなかで強調意識も薄れ成立したものである。ここからヘンが析出されることになる。一方、5段以外では、起きヤヘン、受けヤヘン、来ヤヘン、為ヤヘンなどのヤが後ろの音（「ヘ」）に影響されてエとなり（逆行同化）、それがさらに直前の音と融合して、オケヘン、ウケヘン、ケーヘン、セーヘンとなり、エ段接続に統一された。ところで、5段の場合にエ段接続が避けられたのは可能動詞の打消形との同音衝突にかかわるものと考えられるが、可能の打消にはもっぱら～レヘンが用いられるに及んで、5段以外への

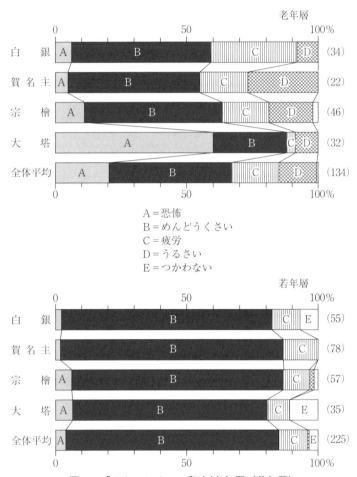

図11 「オトロシイ」の意味(老年層／若年層)

類推も手伝って、5段にもイカヘンのほかにイケヘンというエ段接続の形が見られるようになる。

現状を見てみよう。図12は、大阪市内出身者1,128名を対象とした調査の結果のうち、「行かない」に対応する表現形についてのデータをグラフ化したものである(真田・岸江1990)。

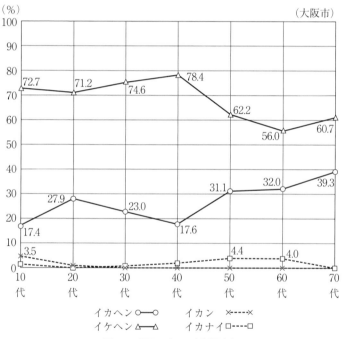

図12 「行かない」(大阪市)

イカヘンとイケヘンは、老年層の70代においてもすでに、ほぼ4：6の割合でイケヘンの方が優勢になっているが、この

割合は年齢が下がるにつれて開く傾向にあり、40代においてはほぼ2：8の割合となる。なお、図では表しえないが、イケヘンは全般的に女性の使用者が高いことが指摘される。これはイケヘンが当地においては標準形として志向されていることを示すものであろう。ちなみに、日本標準語形イカナイの運用はどの世代においても皆無に近いことに留意すべきである。もちろんそれはカジュアルスタイルのレベルでのことではあるが。

　ところで、若年層においてはかつてのイカンが復帰しつつあるようにも見える。その使用者は主として男性である。これは規範形（〜ヘン）からの逸脱を求める結果改めて採用されたもののようであり、潜在的権威（covert prestige）を持っているようである。〜ンの今後の使用動向に注目していきたい。

3　言語接触と対応変換

　最近の若年層においては、いわゆるトラッド（伝統）志向を背景として、定着しつつある標準語形をもう一度方言形に引き戻そうとする傾向が顕著になってきている。しかしそれは、一方に標準語を意識しての対応変換であるゆえに、そこでは興味深い現象がさまざまに生起している。

　その点にかかわる関西での事例を見よう。指摘したいのは、対応の単純化ということである。それは標準語と方言の間に存在する対応を単純化させる変化である。

　近年、阪神間の若年層のアクセントにおいて、2拍名詞の、いわゆる第4・5類（第4類は「息が」「海が」「傘が」「箸が」「船が」などで、本来のアクセント形は○○▶、第5類は「汗

が」「雨が」「声が」「春が」「窓が」などで、本来のアクセント形は○●▷)が○●▷形で統合しつつあることが挙げられる。

　これらの語は、標準語ではいずれも●○▷形で、区別なく発音される。実際、阪神間の若年層では、標準語化によって、これらを●○▷形に発音する人も多いのであるが、その人たちに、筆者が、実験的に、第4類の語群に関して、「関西弁アクセントで発音してみてください」と指示して得られた結果では、本来の○○▶形へ回帰する人はほとんどなく、多くの人が○●▷形に修正して発音することが明らかになっている。これは、標準語形●○▷を意識しての対応変換で、まさに誤れる回帰と言えるものである。

　なお、この○●▷形は男性の方に圧倒的に多く観察されることが明らかになっている(岸江1990)。第4類における○●▷形も潜在的権威を供えた変種であるようだ[補1]。

参考文献

岸江信介(1990)「大阪市若年層における2拍名詞アクセント」『方言音調の諸相—西日本—(1)』科学研究費成果報告書

真田信治・岸江信介編(1990)『大阪市方言の動向—大阪市方言の動態データ—』科学研究費成果報告書

真田信治・ロング=ダニエル(1991)「奈良県西吉野・大塔地域言語図集」『彦根—岐阜間グロットグラム調査報告書』科学研究費成果報告書

(1992.6)

補注

(1) 図13は、大阪市(男性)における第4類の語のアクセント形の動態

を示したものである(岸江1997)。新形の○●▷が発生した要因としては、次のことが推測できるであろう。

それは、テレビの急速な普及、一般化ということである。1960年代以降に生まれた人々にとっては、生まれたときすでにテレビが身近に存在していた。テレビから流れてくるアクセントは、その多くが東京語でのアクセント形である。つまり、これらの世代は東京語アクセントに接しつつ育ったのである。しかし、東京語化であれば、第4・5類すべてが●○▷のアクセント形になりそうなのに、それとは異なる逸脱形(○●▷)が現れてきていることが注目されるのである。この第4類における○●▷は、図14に示したように、東京語での●○▷に対応変換させようとする過程で生成された「ネオ方言」であろうと考えられる。

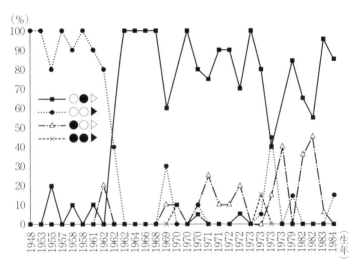

図13　2拍名詞第4類のアクセント形の出現率(大阪市)

6. 関西方言の現在　57

	阪神(伝統方言)	東　京	阪神(ネオ方言)
秋が、朝が、雨が、汗が、窓が、春が、猿が、声が、鮒が、……　（第5類）	○●▷		
空が、船が、針が、糸が、箸が、傘が、松が、麦が、海が、……　（第4類）	○○▶	●○▷　→　▶　○●▷	

図14　アクセントの対応変換

参考文献

岸江信介(1997)「大阪市若年層にみられるアクセント変化」真田信治編
　　『西日本におけるネオ方言の実態に関する調査研究』科学研究費成
　　果報告書

7. 変容する大阪ことば

◆今日、奈良市内で耳にした表現◆

・自転車の荷台に乗っている幼児が「降りさせて、降りさせて」と叫んでいる。そばの母親、すかさず「降ろして、やろ」と一喝。

・狭い道で傘をさしてすれ違った幼児同士がぶつかった。一方の母親が「すみません」と発したのに対し、もう一方の母親が「うちこそごめんなさい」と謝った。幼児、歩きながら「どうしてうちっていうの」と。

1 第二言語としての方言

　最近の特に関西における子供たちの言語行動を観察していると、幼いうちは方言があまり使われず、標準語的である[1]し、育てる人も幼児語的標準語コードで子供に接していることが多い(ただし、ここでの「標準語コード」とは、いわゆる改まり語コードではなく、全国的に共通語として機能している言語変種の要素と同形のもの、といった意味合いで使用していること

に留意）。

　次は、筆者の観察例である。

（幼稚園に出かける兄―4歳―に向かって、その妹―2歳―の
発話）
　パパ　イッテラッシャイ
（兄の発話）
　ボク　パパジャナイヨ　コドモダヨ

　このような環境を抜けて、小学校に入り、地域社会の友達と
互いに交流する段階になって初めて方言コードが学ばれる。ど
うも、方言は学校社会に入ってから初めて学習するものとなっ
ていることが多いようである。したがって、そこでは方言が第
二言語としての位置づけになっているわけである。
　岩根裕子さんは、大阪府富田林市の新興住宅地に居住する一
女児を対象にして、この観点を具体的に検証している。調査期
間は、1995年4月（小学校1年次）から1997年3月までで、月
平均3.4回の頻度で調査がなされ、1回につき1〜2時間程度の
会話データを収録し分析した。
　その結果、1996年6月（小学校2年次）までは、ゆっくりし
た話し方、間延びしたり、文末で急上昇するイントネーション
曲線など、幼児期のことばのプロソディックな特徴がまだ残っ
ており、妹に対して姉らしく話す時、あるいはごっこあそびの
時のレジスターも標準語コードの範囲であり、方言使用は見ら
れないことを指摘している。そして、この時期以降、急激な方
言コードの増加プロセスがあることを明らかにしている[2]。

1例を掲げよう。そこでは、縦断調査によって、間投助詞「ね」（標準語コード）から「な」（方言コード）への変化が、次のように見事に捉えられている（表7）。

表7　終助詞「ね」と「な」の使用情況（小学校2年次）

月	7	8	9	10	11	12	1
ね	27	17	16	19	11	7	11
な	0	0	0	2	21	17	24

なお、この女児の家庭における両親のふだんの会話はたえず大阪方言でなされているという。

このような結果をふまえると、「方言は一人の人間にとって、生まれて最初に学ぶ言葉である。その言葉は両親の言葉でもあるが、それよりも強力なのは、生まれたところの言葉である。…これに対して、共通語は、方言を学んだあとで学ぶ言語である。主として小学校に入ってから学ぶ言葉で、…」（柴田1977）とする見方とは逆に、「方言は、共通語を学んだあとで学ぶ言語である」といった視角から情況を捉え直す必要があるのではなかろうか。

2　ネオ方言形へのシフトについて

標準語と方言の相互干渉のプロセスで、従来の方言にはなかった新しい形式ができつつある。方言と標準語とが混交した中間形式の発生は、全国各地で、音声、語形、文、文章、さらには談話の、それぞれのレベルで観察されるところである。そ

して、その中間形式による表現が地域社会の若年層のスピーチスタイルとなっている情況が観察される。これが従来の「方言」とは区別される「ネオ方言」と筆者が称しているものである。

たとえば、「ケーヘン→コーヘン(来ない)」、「○○▶→○●▷(2拍名詞第4類の語のアクセント形)」、「イカンデ→イカンクテ(行かなくて)」などがその要素である。

このような項目についての、地域言語の変遷史上の、従来の方言形から新しい方言形へのシフトは、個人の言語習得のレベルにおいて、第一言語としての標準語コードが、ある段階で方言のパラダイムによって変換された、その結果の事態であると筆者は認識している[3]。

表8によって、具体的に説明しよう。

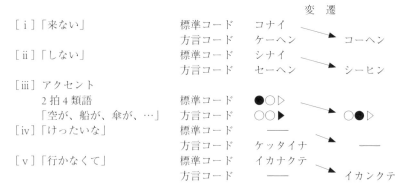

表8　新しい方言形へのシフト

（ⅰ）は、従来の方言形「ケーヘン」から新しい方言形「コーヘン」へのシフトの例である。地域言語の変遷の視点で見れば

シフトであるが、個人の言語習得の視点から、その第一言語の要素としての「コナイ」が方言のパラダイムに移入されることによって生じた、とするメカニズムによって説明できるのではないか。この点は(ⅱ)の「シーヒン」についても同様である。

(ⅲ)は、伝統的アクセント形「○○▶」からネオアクセント形「○●▷」へのシフトの例である。地域言語の視点からは、○○▶→○●▷の変遷であるが、実際には、標準語コードの●○▷を、大阪アクセント形に対応変換(標準語●○▷：方言○●▷)させた結果生じたものであろう。

(ⅳ)は、方言コードに対応する形式が標準語コードには存在しない例である。「けったいな」は特徴的な伝統表現として往々その衰退が話題にのぼるのであるが、その衰退の要因は、それが第一言語として習得されないものであるという点に求められるのではないか。

(ⅴ)は、(ⅳ)とは逆に、標準語コードに対応する形式　従来の方言コードには存在しない例である(ただし、この場合「イカンデ」という形式はあった)。この「イカンクテ」は、第一言語の要素としての「イカナクテ」を方言に変換しようとして生じたものであろう。

注
(1) この点に関して、落語家、桂坊枝は、次のように述懐している(毎日ラジオ「おおきに桂坊枝です」1999.2.11)。
　　「最近、電車なんか乗ってたら、標準語しゃべってる子なんか、けっこうおれへん？　小学生なんかでも…。で、僕ね、ちょっと

気になったからね。一回、電車に乗ってる時にね。『あの、ちょっとお話し中、悪いけどね…。』全然知らん子よ。『きみ、最近どっかから引越してきやはったん、こっちの方に。』って言うたら、『うん、違うよ。』って言うから…、『ほれやったら大阪弁しゃべらなあかんやろが！』言うて…、何が『やっちゃってさあ。』『きのうあれ見た？』…、それもやで、まだ小学校二年か三年ぐらいの子やで。小学校低学年の子がやな。『きのうね、見たらさあ。もうおもしろかったよね。笑っちゃった。』…、『ちゃった？！　…ええかげんにせい。大阪弁しゃべれ！』とこう言ってしまったんですよ。」

(2) 岩根裕子『児童の方言習得とその運用』(大阪大学文学部 1997 年度提出卒業論文)による。

(3) ただし、現在の学生たちでは、「幼いころから方言の世界で生きてきた。標準語を使用したことはないはずだ。」といった内観、証言をする場合が多い。しかし、考えてみれば、自分の幼いころの「ゴシゴシ(歯磨き)」「シュー(すべり台)」などといった表現語形を現在において内省できる者はいないであろう。してみると、現在、生活語として「コーヘンワ」しか使用していないにしても、かつて使用していた「コナイヨ」が忘却の彼方にあるとして、何ら不思議はないはずである。

参考文献

柴田武(1977)「標準語、共通語、方言」『標準語と方言(ことばシリーズ6)』文化庁

(2000.1)

8. 世代とことば

1　はじめに

　ことばの変化、あるいはことばの変異に関係する社会的な変数はさまざまあるが、そのなかで世代差はもっとも重要な変数の一つである。ここでは、各種の社会言語学的調査の結果から、世代とことばとの相関が見られるデータをいくつか取り上げて考えてみたい。これらのいずれの調査も筆者がかかわりをもったものである。

　世代とことばとの関係は、まず発達的な観点から見ることができよう。人は成長する過程で、幼児語から児童語へ、そして成人語へとことばを変えていく。このような一個人のなかに起こる変化を「世代内変化」と言う。筆者は、一人の人間が生まれてからことばを習得して、大人のことばを使うようになっていく様相を時間的な成長を軸として追究したことがある。また、一個人における青年期、壮年期、そして老年期にいたる使用語彙の変遷を記述したことがある（真田 1983）。

　一方、親から子へ、そして孫へといった世代から世代の間で

変わる変化を「世代間変化」と言う。ふつう、ことばの変化というときには、この「世代間変化」を指すことが多い。

　ことばの変化に関しては、大別して二つの側面が指摘される。一つは言語内的な要因によるものであり、もう一つは外的な要因によるものである。前者は、その言語自体に内在する要因によった、自律的な変化である。そして後者は、外在する社会的（心理的）要因によって個別的に起こる変化、たとえば、他言語からの借用や、干渉によって生じた類推変化などである。特に後者をめぐっての情況は、旧来の言語形式を支持する力と新しい言語形式を支持する力との強い対立を生み出す。ことばが社会におけるコミュニケーションの重要な手段であるところから、旧世代は自分たちの表現形を伝統的な正しいものとして次の世代に教え、それを保持させるように指導する。そして、新しい世代の表現形に対して、誤用だ、ことばの乱れだ、と非難を浴びせかけるのである。しかし、それにもかかわらず、新しい表現形の一部のものは新たなる伝統としてさらに次の新しい世代へと受け継がれ、世代交替の流れのなかで徐々にしかも確実に広まり、一般化していく。そして、それがやがては望ましいものと認識されるようにもなるのである。

　ここでは、たびたび問題にされているところの１段活用の可能動詞形を例として取り上げてみたい。すなわち、４段（５段）活用の語の可能形「書かれる・読まれる」などに対して、可能動詞「書ける・読める」が成立したことへの類推から、１段およびカ変活用動詞の語の可能形「見られる・起きられる・来られる」などに対しても、新しく「見れる・起きれる・来れる」が生まれ、いまや伝統的形式を圧倒する勢いを示していること

についてである。この新形式は、往々にして、旧世代から誤用だとして眉をひそめられ、その一般化が批判されている。

図15は、これらの語例のうちの「見れる」について、その老年層における使用地域を示した(国立国語研究所 1982)。

ミレルの専用域は、主として、中部地方および中国・四国地方にある。従来ミレルなどは地方(方言)からの借用によるものであろうとの説があるが、その分布パターンはそのことを裏付けるものである。

図16は、これらの語例のうちの「見れる」の使用率について、1974年に国立国語研究所が実施した「大都市における言語生活の実態調査」で得られたデータをまとめたものである(真田 1983)。

東京で「見れる」を使用する人は、60代で20.4%、50代で28.4%、40代で36.5%、30代で43.4%、20代で56.5%、10代で76.2%と、うなぎのぼりに増大している。

現代日本標準語の基盤である東京語においても、この段階ですでに20代では「見れる」が過半数を制し、完全な保革逆転が成っていたことに注目したい。

なお、この変化は、同一形式による尊敬・受身表現(「見られる」)との衝突を回避するという点からも支持されるところである。「見れる」を使っている人にとっては、それが普通、簡潔で論理的な表現とさえ感じられているのではなかろうか。この新しい変化の方向を阻止し、人為的に旧来の規範形にもどそうとする試みは成功しないであろう。現代語に生じている「ゆれ」について、ある場合には人為的な統一化の必要性を全面的に否定するものではないが、伝統性だけを盾としての規制は、

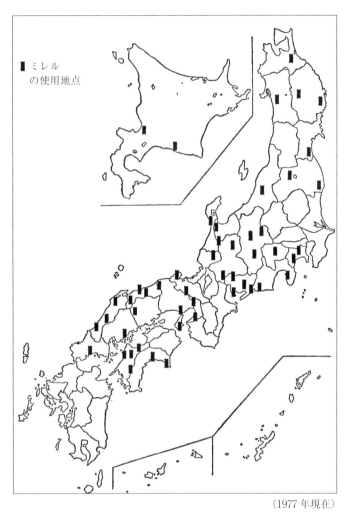

(1977年現在)

図15 「ミレル(見られる)」を使う地域

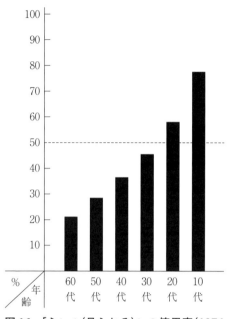

図16 「ミレル(見られる)」の使用率(1974 東京)

いたずらに混乱を助長する結果となるであろう。

2 ことばの世代的変異
2.1 家庭内での事例―八丈島の場合

　家庭内における「祖父」「父」「子」といった世代差に本格的に焦点をあてた言語調査としては、1978年に行なわれた、国立国語研究所での八丈島における調査がある(沢木1985)。そこでは、世代差を見るために同一家族の3世代(祖父・父・子)を調査対象とした。なお、調査では世代差とともに地域差と場

面差をも同時に調べ、３つの要因の絡み合いについても明らかにすることを目ざした。

　ここでは、その結果の一部を掲げることにしよう。表９は、「私はきのう役場に行かなかった」という文脈での「行かなかった」にあたる部分として回答された形式をまとめたものである。

表９　私はきのう役場に行かなかった（八丈島）

- ◎ イキンジャララ
- ▽ イキンジャッタ
- ○ イキンナララ・イッテキンナララ
- ▲ イキンナッタ・イキンナッタラ
- △ イキンナカッタ・イキンナカッタラ
- ・ イキンナカララ
- □ イキナカララ・イキナカラー
- ▣ イキナカッタ
- ⊚ イキータシンジャララ・イキータシンナララ
- ・ イカナカッタ
- ＊ イキマセンデシタ・イカナカッタデス
- （ その他

世代	場面	三　根	大賀郷	樫　立	中之郷	末　吉
老年層	子	◎◎◎・・◎	◎・▽▽・	◎◎◎◎◎	◎（・▣◎□	◎・・◎・○
	孫	◎・・・◎・	◎・▽◎・	◎◎◎◎◎	◎（・▣◎□	◎・・◎◎◎
	友達	◎◎◎・◎・	◎・▽▽・	◎◎◎◎◎	◎・◎◎◎	◎・・◎・○
	先生	＊＊＊・・◎	⊚・▽◎＊	＊◎＊＊・	◎（＊・＊◎	＊・・＊・
	外来者	＊＊＊・・＊	＊・＊・＊	＊＊＊＊・	・＊＊＊＊	＊・＊・・
中年層	父	○○○○○	（○○○○▣	・○○・▣	△▣・□・□	（・○○○○
	子	○・○○・	（○・○・	・○○（・	△▣・・□	（・○・・
	友達	○○○○○	（○○○・	・○○（▣	△▣・□・□	（・○○○◎
	先生	○＊⊚◎・	＊○△＊	・○○（▣	・△・・＊	＊＊○＊＊
	外来者	・＊＊＊・＊	＊＊・＊	＊＊・＊・	・＊・・＊	＊＊＊＊＊
若年層	祖父	・▲・▲・	・・△△・	・△・・・	・△・・・	▲△（・△△
	父	△▲▲・▲	・・△△△	・△・・・	・△・・・	▲△（・△△
	友達	△（▲・▲・▲	・・△△△	・△・・・	・△・・・	▲△（・△△
	先生	・▲▲・▲	＊＊△▲・＊	・＊・・・	・△・・＊	▲▲△▲△
	外来者	・▲▲・▲	＊＊△＊＊	＊＊・＊・	・△・・＊	（・▲・・

　フィールドである八丈島は、三根、大賀郷、樫立、中之郷、末吉の５つの集落から成っている。調査では、各集落から５家族ずつを選んで数をそろえた。インフォーマントが老年層であ

れば、子(中年層)に対してどのように言うかを聞き、そのあとに孫(若年層)に対する言い方を聞いたのである。また、インフォーマントが、中年層の場合には、父(老年層)と子(若年層)に対して、若年層の場合には祖父(老年層)と父(中年層)に対して、それぞれどのように言うかを聞いたのである。さらに、インフォーマントと同世代の親しい「友達」、シマ(八丈島)出身の学校の「先生」、そしてクニ(東京)から来た「外来者」に対してどのように言うかを聞いたのである。

　表9によって、非常に多くの表現形が存在することを見てとることができよう。このうちで質問文脈にもっとも近い意味の八丈島方言固有の表現はイキンジャララだと考えられる。三根の中年層などに使われているイキンナララもそうかもしれない。

　場面差としては、「先生」に対する場面が、「外来者」に対する場面とともに、標準語形、そして敬語形の使用の多いことが認められる。

　若年層で使われるイキンナッタ(ラ)、イキンナカッタは上の2語形と標準語形イカナカッタとの混交によるものと考えられる。イキンナカッタは若年層で全域に見られるほか、中年層でも大賀郷と中之郷で使用する人がいる。この語形はどこかの1地点で発生してそこから他の集落へ伝播したとすることもできようが、それぞれの地点で他とは独立に生じることも同じくらいにあり得る。ともかくここでは標準語化の際に、一挙に標準語を使うようなことをしないで、混交による中間形を経てから標準語化するといった流れが存在することに注目したいと思う。ここに世代間の断絶を緩和する機能が結果として働いていることを認めることができるのである[補1]。

2.2 移住者の事例―天理市鈴原集落の場合

さて、昭和ひとけた生まれとか団塊の世代とかいう場合においては、世代が年齢層とほとんどパラレルに考えられるのであるが、ここでは、移住者などについて「1世」「2世」……という場合における「世代」を対象とした言語変容の事例を見ることにしたい。

フィールドは、奈良県の天理市福住町鈴原である。この集落は戦後の開拓集落である。奈良の山中、十津川村の人々の一部は太平洋戦争末期に旧満州へ分村したが、日本の敗戦によって帰国を余儀なくされた。そして帰国後に集団入植した山地がこの鈴原である。入植戸数は当時19戸であった(現在は22戸)。

十津川村のアクセントは、周知のように東京式アクセントとされている。一方、この鈴原集落周辺は京阪アクセントの行なわれる地域である。したがって、鈴原への移住1世、2世、そして3世がどのようなアクセント生活をしているのかの探究は大変に興味深いテーマである。筆者の意を受けて、その点を解明すべく、この地の各世代の人々を対象に調査をした結果の報告が西村(1990)である。

そのデータのなかから、2拍名詞のアクセントに関する実態をここに紹介しよう。

まず、移住1世については、ほとんどの人が十津川式(東京式)アクセントを保持している。一方、3世については、ほとんどの人が京阪式アクセントを獲得している。問題は中間の世代である2世における様相である。2世については型のゆれが多く、個人差が著しいが、もっとも基本的なパターンは、図17に示したような体系である。これは、第4類と第5類に関

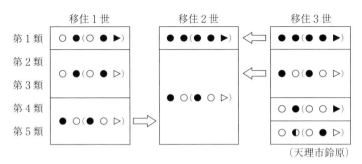

図17 アクセントの世代差(移住集落の場合)

しては十津川式(東京式)アクセントでの型を維持しつつ、第1類と第2・3類に関しては京阪式アクセントでの型を受容したものである。すなわち、これは東京式アクセントと京阪式アクセントを、いわば折衷して簡略化(2段化)した体系といえるわけである。

そして、注目されることは、これと同様のアクセント体系が、実は十津川式(東京式)アクセントと京阪式アクセントが地理的に接触する奈良県大塔村付近の一帯においても観察される(真田・尾崎1989)という点である。その類似性が興味深い。

この鈴原集落での移住2世において臨時的に生じたアクセント体系の簡略化(2段化)の動きは、事例として、ことばの接触と変容をテーマとする研究、特にアクセント変化の研究にとって、貴重なデータを提供するものであろう。

参考文献
国立国語研究所(1982)『方言文法資料図集(2)』国立国語研究所

真田信治(1983)『日本語のゆれ―地図で見る地域語の生態―』南雲堂

真田信治・尾崎喜光(1989)「十津川流域における1・2モーラ名詞アクセントの分布と変化」(『音声言語』Ⅲ、近畿音声言語研究会)

沢木幹栄(1985)「地域差と世代差と場面差―八丈島における調査から―」(『方言の諸相』三省堂)

西村拓(1990)「移住と言語変容―十津川村からの移住者を対象にして―」(『地域言語』2、天理・地域言語研究会)

(1990.4)

補注

(1) 八丈島方言のその後に関しては、本書117頁を参照されたい。

9.　方言の意識化について

1　方言の認識

　たとえば、方言形式の使用度について、老年層と若年層のそれぞれの方言談話を比較すると、それは明らかに老年層の方に高い、という傾向は日本各地で共通に認められるものであろう。しかし、最近の語法に関する使用意識をめぐる面接調査では、各地で、年齢が若くなるほどに方言形式が多く回答されるという傾向が見られる。また、「あなた自身のことばは標準語に近いと思いますか」といった意識アンケート調査の結果でも、「思わない」とする回答は老年層よりも若年層の方に多く出る傾向が見られる。

　ただし、ここでの「標準語」ということばで表される内容にも、個人差の存在が予想される。表10は、長野県木曽福島町・開田村（老年層）でのその具体的調査の結果である（余1997）。

　図18は、滋賀県の今津町において、「この土地のふだんのことばは標準語とくらべてどうですか」という質問をして得られた回答を、年層別、性別に分類した結果である。老年層では、

表10　標準語といえば、どういうことばを指すと思うか（長野・木曽　福島／開田）

	木曽福島町		開田村	
	回答数	％	回答数	％
東京のことば	15	21.7	5	17.2
どこでも通じることば	13	18.8	1	3.4
マスコミのことば	10	14.5	0	0.0
教育のことば	8	11.6	10	34.5
挨拶ことば	4	5.8	4	13.8
良いことば	2	2.9	3	10.3
この土地のことば	3	4.3	1	3.4
その他	14	20.3	5	17.2
回答数	69		29	

「よく似ている」「まあ似ている」とする回答が圧倒的であった。なお、「よく似ている」とするのは女性に多かった。一方、若年層では、「まあ似ている」「あまり似ていない」とする回答が一般的で、特に女性では老年層とはまったく逆に、「全然違う」とする者が比較的多数を占めていた（真田1996）。

　これらの背景には、おそらく、若年層が標準語を比較的自由に場に応じて使いこなせるようになって、方言を対比的、客観的にながめられるようになった、ということがあろう。標準語と方言との弁別を正確には内省できない老年層との差がそこに現れているのである。

　ちなみに、老年層で男性が女性よりも相対的にシビアなのは、この年層における男女の社会的活動の相違とかかわるもの

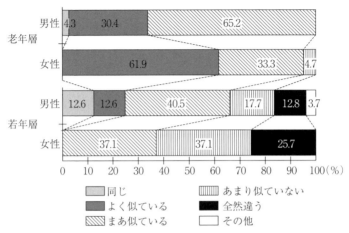

図18 地元のことばは標準語とくらべてどうか(滋賀・今津)

であろう。逆に若年層では女性の方がシビアである。

また、国立国語研究所による北海道の富良野市と札幌市におけるランダムサンプリング調査の結果では、「標準語とあまり変わらない」と答えた人は富良野の方に多かった(図19)。富良野は農村型地域社会の代表、札幌は都市型地域社会の代表として対象地に選ばれたのであるが、都市化とともに、自己観察や自己評価がシビアで現実的になる、と解釈できそうである(相沢 1990)。

2 コード変換における態度

奈良県の大塔村で、老年層と若年層を対象として、物の値段についての、「近所の店で」「大阪での店で」「東京での店で」

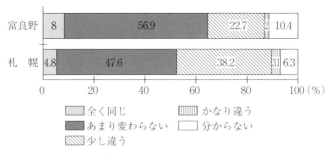

図 19　地元のことばは標準語とくらべてどうか（北海道・富良野／札幌）

といった場面ごとにおける使用形式（表現形はイクラとナンボの 2 形）を調べた結果によれば、下位場面（「近所の店」）でのイクラの使用は若年層が老年層を上回っているが、場面が上位になるとその情況は逆転する。すなわち、ナンボからイクラへの変換に関しては、老年層の方が徹底しているのである。その徹底ぶりは「大阪」での場合も「東京」での場合も区別なくイクラを使用するという点にも現れている。一方、若年層は切り替えがゆるやかで移行的である。「大阪」での場合と「東京」での場合とで切り換えに老若間による相違が見られる（図 20）。ここにも、老年層と若年層の、それぞれの土地に対する意識と言語使用にかかわる態度の差異をはっきりと認めることができるのである（真田 1996）。

3　方言の変容

　現代では、ほとんどの日本人が標準語コードと方言コードと

9. 方言の意識化について

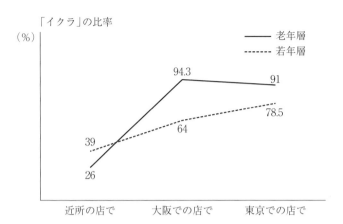

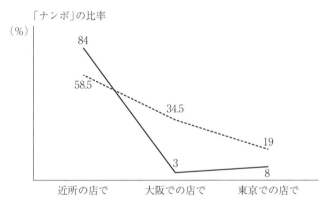

図20 物の値段をたずねる形式(奈良・大塔)

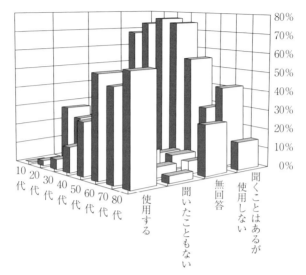

図21 「ソードッシャロ」(京都)

を場に応じて切り替えることができるようになった。しかし、このような接触情況は、一方で、伝統的方言の内容自体にも大きな影響を与えることになった。それは、具体的には、標準語の干渉による各地方言の変容である。

　本書第2章でも記述したが、たとえば、打消過去の表現の関西方言での元来の形は、「行かなかった」を例に取ると、「行かナンダ」であった。このナンダは、打消のンに対応する過去の形である。したがって、打消のヘンに対応する過去の形はヘナンダである。ところが、打消の面が強調されて、ヘンナンダという形が造られた結果、ナンダはその表す意味内容の打消面をヘンにゆずって、もっぱら過去面だけを受け持つことになっ

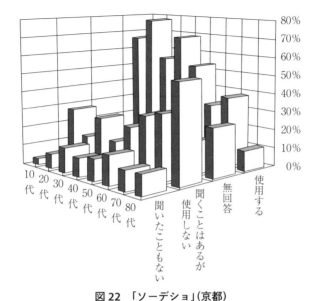

図22 「ソーデショ」(京都)

た。その段階で、ヘン(打消)＋ナンダ(過去)という構造意識が生まれたのである。そして、そこに標準形式ナカッタの干渉があり(形容詞語尾のカッタへの類推もあろう)、ヘンカッタという新しい形式が成立することになったわけである。

　京都市方言を対象とした調査の結果(岸江・井上1997)によると、「ソードス」「ソードッシャロ」などといった伝統的表現はいまやほとんど聞かれなくなった。「ソードス」は、すでに「ソーデス」に代っており、「ソードッシャロ」は「ソーデショ」に置き換わっている(図21・22)。また、理由を表す助詞「〜サカイ」「〜ヨッテ」なども、最近は退縮し、「〜シ」な

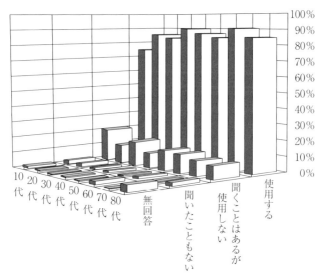

図23 「ソヤカラ」(京都)

いし「〜カラ」に置き換わりつつある。「ソヤカラ(ダカラ)、やめとき、ゆったやろ」のようにである(図23・24)。現在の京都におけるふだんの会話は、特殊な環境、場面を除いて、一般的にはこのような新しい表現を交えた形で展開しているのである。

　なお、筆者は、関西で力強く生き残っている形式は、対応する東京語が存在するものに限られると見ている。たとえば、「バカ」に対応する「アホ」、「ダメ」に対応する「アカン」、助動詞の「―ナイ」に対応する「―ヘン」、「―レル・―ラレル」に対応する「―ハル・―ヤハル」、また、「ソレジャーネ」に対応する「ソシタラナ」などもしかりである。

9. 方言の意識化について 83

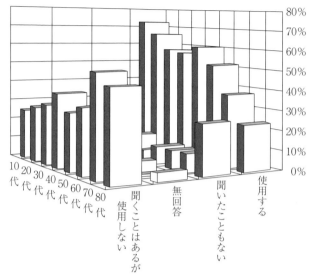

図24 「ダカラ」(京都)

　このことは逆の面からも証明できる。すなわち、東京語に直接対応変換できない伝統的表現、京都での「ホッコリ」「ハンナリ」(図25・26)、また大阪での「ナンギヤ」「ケッタイナ」などは、おしなべて退縮の傾向にあるからである(真田1997)。

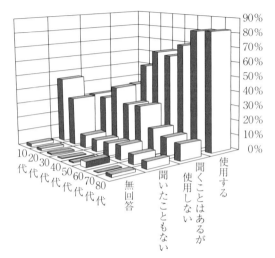

図25 「ホッコリ」(京都)

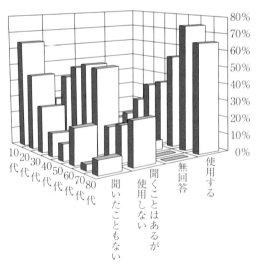

図26 「ハンナリ」(京都)

参考文献

相沢正夫(1990)「北海道における共通語使用意識―富良野・札幌言語調査から―」『研究報告集』11 秀英出版

岸江信介・井上文子(1997)『京都市方言の動向』近畿方言研究会

真田信治(1996)『地域語のダイナミズム』おうふう

真田信治(1997)「地域語」『日本語学のみかた』朝日新聞社

余健(1997)「長野県木曽福島町・開田村における言語意識項目の分析」井上文子編『長野県木曽福島町・開田村言語調査報告　資料篇』科学研究費成果報告書

(1999.3)

10. ことばの社会的多様性

1　はじめに

　ことばのバラエティ(変種)にはいろいろなレベル、枠、単位がある。たとえば、中国語と日本語とは「言語」のバラエティであり、東京語と大阪語とは「日本語」のバラエティということになる。また、大阪語の話しことばに限定しても、そこには改まり語、日常語、俗語といった「スタイル」のバラエティが存在する。そして、そのスタイルの運用には、地域語としての標準(standard)と非標準(non-standard)の意識が関与する。

　人間は自分の言語レパートリーの中にいろいろなコードを持ち、情況、場面に応じてそれを使い分けているが、その選択を支配するルールとしては、いわゆるアイデンティティの要素が強くかかわっている。特に、社会的アイデンティティは、民族、国家といった文化的、政治的概念とともに、地域、階層、年齢、性といった社会的位置や役割に付随した属性に基づいて形成される。話し手は、自分の意志でその社会的情況に適合した言語コードを(若者語であれ、女性語であれ)自由に選択し

て、それぞれの社会的アイデンティティを積極的に確立しよう
と図るのである。

2 バラエティの多様性

　二つの言語変種が別個の機能を持ち、社会的に併存している
様相をダイグロシア(二重言語併存)と言う。ダイグロシアで
は、一方のバラエティはフォーマルな場面で使われ、他方のバ
ラエティはカジュアルな場面で使われるのが普通である。
フォーマルな場面で使われるバラエティを H(High)、カジュ
アルな場面で使われるバラエティを L(Low)と呼ぶ。
　Bell, R. によれば、南米北東部のガイアナでは、標準ガイア
ナ英語とガイアナピジン(クレオール)英語との間にさまざまな
バリエーション(変異)が存在するとされる(Bell 1976)。たと
えば、"I gave him one." と言うには、図 27 のように 18 の表
現の可能性がある。
　①のパターンを標準英語の典型、⑱のパターンをピジン英語
の典型とすることができるが、現実にはそれぞれに多くのバラ
エティがある。それぞれの使用領域は、ダイグロシアのルール
において、①は H の典型であり、⑱は L の典型である。しか
し、その間には明確な区別があるわけではなく、連続帯をなし
ていると考えられる。実際、①と⑱の中ほどになると、標準英
語なのかピジン英語なのかの区別も判定しにくい。
　このうち話し手がどの範囲のレパートリーを持つかは、話し
手の社会的位置によって決まる。話し手の社会的位置が高けれ
ば、すべてのバラエティを獲得し、使用することが可能であ

№					
①	ai			him	wʌn
②		geiv			
③				im	
④				i:	
⑤				him	
⑥		giv		im	
⑦	a				
⑧		did	giv	i:	
⑨		di			
⑩		did	gi		wan
⑪			gi:		
⑫		di			
⑬			gi:	hi:	
⑭					
⑮	mi			i:	
⑯		bin			
⑰			gi:		
⑱		ø		æm	

ガイアナ英語の変異

図27 "I gave him one."

る。しかし、話し手の社会的位置が低ければ上位語の獲得は困
難で、中間語と下位語の使用に限定される。話し手が①から⑱
までのレパートリーを持つ場合、その中からどのバラエティを
選択するかは、話し手がコミュニケーションの情況、あるいは
相手との社会的距離をどう認識するかによって左右される。

このような、Bell の示した変異に対応する日本語の事例を掲げよう。北陸の五箇山方言では、「あの方に差し上げた。」と言うには、図 28 のように、少なくとも 10 の可能性がある。

①	アノカタ		サシアゲタ
②	アノヒト		マセタ
③		ニ	アゲタ
④			
⑤	アノコ		ヤッタ
⑥			
⑦			クレタ
⑧	アイツ	ネ	
⑨			ヤッタ
⑩	アリ		

五箇山方言の変異

図 28 「あの方に差し上げた。」

①のパターンは当該地域語としての最もフォーマルな場面で使われる表現形(改まり語)である。一方、⑩のパターンは最もインフォーマルな場面で使われる表現形である。なお、「ヤッタ」には下位形と中間形があるが、中間形は標準語の俗語からの借用によるものと考えられる(日高 1994)。なお、フォーマルとインフォーマルとの境界は助詞の音形が変換される⑤と⑥の間あたりに存在するようである。

筆者は、それぞれの地域でフォーマルな場面に使われるバラエティとインフォーマル(カジュアル)な場面に使われるバラエ

ティとがあって、それが「標準語」と「方言」という形で対応
していると認識している。しかし、それぞれのバラエティは明
確な線で区分されるものでもないのである。

3 中間的スピーチスタイルの発生

3.1 ウチナーヤマトゥグチ

　沖縄では明治以降、上にかぶさった言語、いわゆる日本標準
語をヤマトゥグチ（大和口）と言い、これに対する伝統的琉球語
をウチナーグチ（沖縄口）と称してきた。このウチナーグチとい
う表現は、おおむね首里、那覇など沖縄本島南部のことばを指
している。本島南部、宮古、八重山などのことばは方言（シマ
グチ）として位置付けられて、琉球文化圏内ではウチナーグチ
とはあまり言わないようである。なお、古く慶長のころの那覇
の役人たちは、ヤマトゥグチは薩摩方言を、江戸語はウフヤマ
トゥヌクトゥバ（大大和のことば）と区別していたらしい（外間
1971）。

　沖縄でのヤマトゥグチの使用に関する意識調査の結果によれ
ば、高年層は、標準語と方言を場面によって使い分ける言語生
活を是とし、そのための標準語教育が必要であると考え、自分
でも標準語に自信がある、とする意識を持っているが、若年層
は、使い分ける必要とて特に感じず、さりとて標準語に自信が
あるわけでもない、とする意識を持っているとのことである
（大野 1995）。

　高年層が若年層よりも、たとえ意識の上であれ標準語に自信
を持っているのは、彼らが、戦前に苛烈な標準語奨励運動を体
験したことによるものであろう。そこから方言と標準語という

対極を峻別する意識が生じた。一方、若年層はそのような意識から解放されているゆえに、標準語からは逆に遠ざかりつつあることが注目されるのである。

　なお、かつての方言と標準語をめぐる葛藤の歴史の中から、基盤語と習得目標である標準語との大きな隔たりの中間に、本来のウチナーグチにも、またヤマトゥグチにも見られない第3のバラエティ、ウチナーヤマトゥグチ(沖縄大和口)が生成された。これは、本土語との接触、あるいは標準語習得の過程で、基盤語の干渉を受けて生まれた沖縄独自の中間的スピーチスタイルである。現代の沖縄の若者たちが、自分たちの方言として頻用するのはこれである。那覇市周辺に限らず、沖縄県の全域にわたって使われている。

　具体的なウチナーヤマトゥグチとは、たとえば、次のような表現である。

(Ⅰ)タベテナイサー(食べちゃったよ)。
(Ⅱ)クルハズヨ(多分、来ると思うよ)。

　(Ⅰ)は、ウチナーグチでは本来、カディネーンと言い、「食べてしまった」に対応する。その語構成が形だけそのままにヤマトゥグチに逐語訳されて、タベテナイとなったのである。標準語とは意味がまったく逆になり、誤解を引き起こすので注意されたため、タベタールサー(これもウチナーヤマトゥグチ)が一般的になってきた。

　(Ⅱ)のハズは〈推量〉を表すことが多い。ウチナーグチでのチュールハジ(「来るはず」)のハジは、意味が〈推量〉と〈当

然〉の両方にまたがっている。おそらく、形式が同じの標準語「〜はず〈当然〉」を受容する際に、このウチナーグチ本来の多義性が関与したのであろう。

3.2　カライモ普通語・トン普通語

　西南日本では現在も、いわゆる標準語のことを「普通語」と言う人がいる。これは普く諸所に通じる語(すなわち共通語)という意味合いで用いられているものと思われるが、中央においてこの用語が一般化した形跡はない。安田敏朗氏の御教示によれば、その初出は、上田万年の「国語研究に就て」『太陽』1-1(明治28年)である。そして、後の鹿児島での『鹿児島と普通語』(明治38年)という本の題名に見られるごとく、方言に対立する言語が「普通語」と称せられたのである。この「普通語」を活字にしている文献(地域・出版年)は、次の通りである。

　『沖縄語典』(沖縄・明治29年)、『千葉県方言調査書』(千葉・明治34年)、『佐賀県方言語典一斑』(佐賀・明治36年)、『南部方言集』(青森・明治39年)、『金沢方言集』(石川・明治42年)、『静岡県方言辞典』(静岡・明治43年)、『土佐の普通方言』(高知・明治44年)、『方言改良草稿』(山形・明治45年)

　この結果から、「普通語」という用語が採用されているのは、中央から比較的離れた、方言性の顕著な地方であることが分かる。注目すべき事象である。

　ところで、鹿児島では、標準語を話そうとしても完全な標準語が出せなくて、方言と標準語とが混ざった状態になったもの

を「カライモ普通語」と称することがある。カライモは〈唐芋〉で、「さつま芋」を表す鹿児島方言である(薩摩ではサツマイモとは言わないのである)。

木部(1995)によれば、このカライモ普通語の位置付け方には二つのタイプがあるようだ。一つは、「東京に出た人が帰ってきたときに使うもの」として、「鹿児島に帰ってきたんだから方言を使えばいいものを、ヨカブッテ(気取って)標準語を使うものだから、ついにはぼろが出る」とするもので、方言を基準としてカライモ普通語をそれよりやや上の方に位置付けるタイプである。もう一つは、「鹿児島から出たことのない人が使うもの」として、「標準語を話す機会が少ないので、標準語がうまくしゃべれずカライモ普通語になる」とするもので、標準語を基準としてカライモ普通語をその下に位置付けるタイプである。前者のタイプは高年層や男性に多く、後者のタイプは若年層や女性に多いという。

いずれにしてもカライモ普通語は親しみを感じさせるものとはいえ、高い評価を与えられるものではないようである。

ちなみに、奄美大島の名瀬には、このようなスピーチスタイルをカライモ普通語に対応させて、トン普通語と名付ける人がいる。トン(トーウン)はやはり〈唐芋〉で、「さつま芋」を表す奄美大島北部の方言である。

4　クァージ標準語の時代

沖縄における「ウチナーヤマトゥグチ」、鹿児島における「カライモ普通語」、また奄美における「トン普通語」などと称

される対象は、本来、それぞれの方言によって変形した標準語（クァージ標準語）を指すものであったが、地域の若者たちは、今や伝統的な方言はいわば文化財の地位のものに祭り上げて、これらクァージ標準語を自分たちの共通語として活用しているという実態がある。筆者は、これら中間的なスピーチスタイルを対象に各地の動態を研究調査している。

参考文献

大野眞男（1995）「中間方言としてのウチナーヤマトグチの位相」『言語』
　　24-12

木部暢子（1995）「方言から『からいも普通語』へ」『言語』24-12

日高水穂（1994）「越中五箇山方言における授与動詞の体系について―視
　　点性成立過程への一考察」『国語学』176

外間守善（1971）『沖縄の言語史』法政大学出版局

Bell, R.（1976）*Sociolinguistics: Goals, Approaches and Problems.* London: Batsford.

（1997.5）

11. 新しい発話スタイルに対する評価

奄美の場合

1　はじめに

　2003 年から 2005 年にかけて、奄美大島南部の瀬戸内町の人々を対象に言語意識に関する調査を実施した。伝統方言と日本標準語という体系の大きく異なる二つの言語変種の接触によって新たなバラエティが生まれつつあるという言語的情況を踏まえ、地域の人々がその新たなバラエティによる発話スタイルをどのように捉えているのかという点に焦点を当ててのフィールドワークであった(高木・黒木・黄 2006)。

2　瀬戸内町ことばの概要

　瀬戸内町は、行政区画上は鹿児島県大島郡であるが、文化的・言語的には琉球圏に属している。そのため、「奄美と鹿児島は全然違う」という認識が地域の人々に共有されており、瀬戸内町で「鹿児島」と言えば鹿児島県のうち本土(九州)側の地域だけを指す。

瀬戸内町のことばは琉球方言の下位類である奄美大島本島方言（北奄美方言）のうちの南部方言に属するが、かつては、海や山に囲まれた閉鎖的な空間のために集落ごとにことばが違うと言われるほどの多様性を持った方言群であった。

　しかし、明治時代から始まった、いわゆる標準語教育の徹底、交通の利便性の拡張による行動圏の拡大、マスメディアの発達といった言語外的な要因によって、集落のことばは標準変種へとシフトしつつある。特に、戦前から戦後にかけての標準語奨励運動は、方言の存在を許さない苛烈なものであった。これが伝統方言の急速な衰退を招いたのである。

　結果として、老年層は伝統方言と標準変種を操るバイリンガル、中年層は伝統方言を聞いてわかるが話せない半話者（semi speaker）、若年層は伝統方言を聞くことも話すこともできない標準変種モノリンガルという状態が認められる。

　ただし、そこでの標準変種は地域的な特性を持っている。当該地域の人々は、そのような言語情況をどのように把握し、また自らの発話スタイルをどのように認識しているのか、ことばをめぐる情況に対する人々の意識と評価を明らかにすることが、今回のフィールドワークの主たる課題であった。

　ところで、前述の鹿児島での「カライモ普通語」[1]と同様の名づけが奄美大島の経済的中心地である名瀬市でも行われて、方言的な特徴を有する名瀬での標準変種を指して「トン普通語」という名前が誕生した。「トン」とは奄美大島北部方言で「さつまいも」のことで、トン普通語は、さしずめ、「名瀬版カライモ普通語」といったところである。

トン普通語という用語は、奄美大島北部、名瀬市での一部教養層による名付けである。しかし、それは地元で編集された『トン普通語処方箋』という本の名前にも見られるように[2]、マイナス評価の対象である。ただし、この用語自体は一般にはほとんど知られてはいないようである。

方言的な特徴を有する標準変種とは、たとえば、次のような表現である。

　　・ワタシナンカガイクヨ(私たちが行くよ)
　　・アンタナンカガテツダワンカラ、オワランノヨー(お前たちが手伝わないから、終わらないのだよ)

この場合、共通語の「たち」に対応する部分に「ナンカ」という形式が当てられている。この「ナンカ」は、伝統方言の、

　　・ワーキャガイキュッドー
　　・ウラキャガカシェースランカラン、オワランドー

などにおける複数を表す「キャ」に対応するものとして運用されている形式のようである。したがって、奄美の「ナンカ」は共通語での「なんか」よりも意味が拡大しているわけである(水谷・齋藤 2006)。

3　新しいスタイルに対する老年層からの評価

瀬戸内町では、「トン普通語」という表現自体は聞かれな

かったが、「イモ普通語」、「シマヤマト」など、標準語と伝統
方言の混じった話し方についての名称がいくつか認められた。
それに対する老年層の評価としては、プラス評価とマイナス評
価の両方が聞かれた。また、プラスともマイナスとも言えない
ものも多くあった。

　（以下、＊は話者のコメントを示す。〔　〕は調査者による補
足説明。括弧内の数字は調査時における話者の年齢。）

プラス評価

　＊私はシマヤマトは使わない。混ぜて使ったりはしないで、
　　シマグチならシマグチ、ヤマトコトバならヤマトコトバを
　　使う。ただし、孫たちに向かっては時々、ヤマトコトバの
　　中にシマグチを混ぜることもする。標準語ばかりも使いき
　　らんし、それだけ、というのもしたくない。少しでもシマ
　　グチを混ぜて孫に使ったほうが良いと思っている。〔評価
　　としては否定的ではない〕(79 女)

　＊独特のことば。〔肯定的評価〕(77 男)

マイナス評価

　＊おさまりが良くない。このままだと〔こんなことばを使っ
　　ていると〕ますますシマコトバが無くなってしまう。標準
　　語なら標準語、シマコトバならシマコトバを使うべきだ。
　　標準語話者にも分かるように話しているつもりだろうが、
　　中途半端だ。標準語話者の理解も中途半端だろう。良くは
　　ない。あえて悪いとは言わないが。(77 男)

　＊イモ普通語は聞き苦しい。(71 男・72 男・73 女・74 男・

80 女）

どちらとも言えない

* ＊若い人は、シマのなまりと標準語が混ざったことばをしゃべっているのではないか。（77 男）
* ＊みんなに分からせるために使うことば。都会から来た人に対して使う。シマの人同士はシマコトバ。シマヤマトは、何歳の人でも使える。（67 男）
* ＊〔地元から〕全然どこにも出たことない人は共通語が使えない。使いたいけど、使えないときはシマグチがでる。それはしかたがないこと。自分が話しているときに、シマグチと標準語がまざることは意識していない。自然に混ざることがよくある。（71 女）

　このように、「混ざることばはよくない」という評価もあれば、「よくあることだし、しかたのないことだ」という認識もあり、また、「孫に話すときに、たとえ全部でなくてもシマのことばを混ぜることで伝統方言に触れさせたい」というような思いなどもあって、新しいスタイルに対する統一的な見解といったものは見当たらないようである。

4　新しいスタイルに対する中年層からの評価

　中年層の多くもトン普通語ということばを知らなかったので、標準語と伝統方言が混ざっていると感じている自身のことばについての評価を、新しいスタイルに対する評価と読み替え

て考えてみたい。

　自分のことばに対する評価についてコメントをくれた人は、全員、標準語と伝統方言を混ぜて使うのではなく伝統方言が使いこなせる方がいい、という意見であった。

＊〔シマグチでも標準語でもない新しい方言を使っているんだ、いいことだ、という感じですか？〕いや、どうせなら、ちゃんとしたシマグチを使いたい。覚えたいし、使えるようになりたい。シマの、昔から使われてきたものを残したいし、子どもにも伝えたい。(32 女)

＊話せないよりはシマグチが話せた方がよいと思う。〔少し回答に迷う〕(40 男)

＊方言〔老年層のことば〕が話せるようになるべきだと思う。(38 男)

＊シマのことばが話せるようになるべきだと思う。ただし標準語は標準語できちんと話せるようになるべき。シマのことばもきちんと全部話せるようになるべき。シマのことばを話す必要性は感じていないが話したいとは思う。〔島のことばを全部話せる、というのは、敬語・丁寧語も入れて話せるという意味〕(35 男)

＊シマグチが話せるようになるべきだと思う。お年寄りの使うことばについて、聞いてわかるように、自分でも使えるようになりたい。標準語については、今現在の情況で大丈夫だ〔問題ない〕、と思う。(33 男)

＊方言〔この場合はシマグチの意味〕がしゃべれる方がいいと思う。シマグチの単語がしゃべれるようになりたい。

（26 女）

＊昔からのことばを守っていかなければ、という強い思いは
　あるものの、それがうまくできていないのが現状。（38
　男）

　中年層は、伝統方言がうまく話せない世代とされ、また自身
もそのように感じているようであるが、それで良いとする人は
おらず、ほとんどの人が伝統方言を使えた方がよい、とコメン
トしている。以下に示すように、伝統方言を受け継いでいきた
いという思いが強いのである。

＊シマのことばだから、自分たちのことばだから、あった方
　がよい。（34 男）
＊伝統方言が子どもたちに受け継がれてほしい。（37 男）
＊愛着を感じているから、受け継いでほしい。（37 男）

　しかし、自身がすでに伝統方言をうまく操れないことから、
ことばが継承されることについて懐疑的であったり、また、自
分にできることはあまりないと感じていたりするようである。

＊ぼく自身がシマグチ使えないので、子どもに継承してほし
　いなとは思うけど、自分がなにせしゃべれないし、学校で
　科目として教えない限り無理だと思う。（47 男）
＊自分は話せないが、シマの伝統を守るため受け継がれてほ
　しい。（39 男）

老年層においては、伝統方言の担い手として、伝統方言を子どもたちに引き継ぐ責任があるという自負が語られていたが、中年層においては、自分がその役割を果たさなければならない、という声はほとんど聞かれなかった。「ちゃんとした伝統方言が話せない」という申し訳なさのようなものが、自身のことばに対する否定的な（少なくとも、肯定的でない）評価につながっているように思われる。

　ただし、一部の人には、標準語と伝統方言が混ざったことばに対する好意的な評価も認められた。

＊〔同じようなことばを話す相手に対しては〕友達だという気持ちがある。年下とも方言を使っている。〔ここでの「方言」は伝統的なものとは異なる自分のことば〕(40 男)
＊自分は方言を話さないが、友達と話す時使うのは方言に近いことばで、それは仲間内のことばだと感じる。友達と話す時使う方言に近いことばとは、次のようなものである。アガー（痛い）、アレセンバ（あれして）、コレセンバ（これして）、〜チューカ（〜ってゆーか）、ハゲー（感嘆詞）、〜(ッ)チバ〔これについては、説明するようにして、「私が今から役場に行くっちば、だから、あとからおいでね」と文章で表現した〕(26 女)

　なお、当地の女子高生たちからは、「おじいちゃんたちみたいには使うことはできないけど、シマの単語は覚えたいし、友達も覚えたものは使っている」というコメントが聞かれた。ここには、「伝統方言が話せない」ということに引け目を感じて

自己を否定したりせずに、自分自身のことばの中に地元らしさがあるということについて前向きな自信を持つといった意識改革が見て取れるのである。

5　新しいスタイルに対する若年層からの評価

　若年層に対する調査では、標準語と方言を混ぜて話すことや、そのようなスタイルについての評価を直接に尋ねるような質問項目を設けてはいなかった。したがって、ここでは、伝統方言や他地域のことばに対する志向を通して、彼らの自分自身のことばに対する評価について見ることにしたい。

　若年層の多くは、伝統方言をもっと話せるようになりたいという気持ちを持っているようである。

＊練習したら、しゃべれると思う。（13女・13女）
＊方言が使えるようになりたい。男の子っぽくてかっこいい。兄ちゃんの友達は酔っ払ったらべらべらになる。ふだんは全然〔使わないのに〕。兄ちゃんの使う方言は分かる。自分もそんな風に使いたい。（13男）
＊絶対話したい。みんなが話せるようになったらいいと思う。（12女）

　しかし、こうした思いは今の自分のことばに対する否定的な態度には結びつかず、（伝統方言とは異なる）自身のことばに愛着を持つことにつながっているようである。

＊東京に行きたい。大阪にも行ったことがないので行ってみたい。その土地へ行っても自分のことばでいい。東京弁を喋りたいとは思わない。〔友達とかが東京弁を使ったら？〕通じるけど、変。ここのことばの方がいい。(14女)

＊東京や大阪に住んでみたい。もちろん、向こうでもここでの地元のことばを守っていきたい。(13女)

＊よその土地にも住んでみたい。よその土地でも自分のことばを守っていきたい。(12女)

　今の段階で伝統方言をほとんど話せないインフォーマントによる回答であるために、このコメントにおける「自分のことば」「ここのことば」「地元のことば」というのは、具体的には、伝統方言ではなく、いま現在の自分のことばを指しているものと思われる。これらのコメントから、標準語と伝統方言の混ざったことばに対する強い肯定的な評価がうかがえるのである。

6　世代による評価の変容

　老年層においては、このような伝統方言と日本標準語の混ざったことばに対する評価は低く、伝統方言をきちんとマスターするべきであると考えられていた。なお、象徴としての伝統的方言が「シマグチ」と称されているが、「シマグチ」という用語は、伝統方言保存運動が盛んになってから一般化されたものと考えられる。かつての「方言撲滅運動」の時代には「シマグチ」という表現はほとんど聞かれなかった。

一方、若年層では、「標準語」と「方言」という観点からではなく、この中間言語変種を肯定的に評価しつつ、それを「普通のことば」という言い方で捉えている。

注目したいのは中年層における言語使用意識である。彼らの内省としては、'自分のたちの生活語は標準語よりの「方言」である'といったあたりに収斂するようなのである。ただし、この場合の「方言」は「シマグチ」ではなく、「訛った標準語」のレベルのものとされる。そして、そこには、それをもって新しい地域復権の象徴としてのスタイルとする、といった意識はほとんど存在しないようである。結局、神格化された「シマグチ」と、「日本標準語」の二極に意識が分化し、その両極から中間言語変種の存在が問題視される結果、その使用にコンプレックスを感じる、といった構造になっているわけである。

しかし、若年層においては、地元に愛着を抱き、いまの自分たちの生活語を「普通のことば」と捉え、自信を持ってそのことばによるスタイルを常用している人が少なからず現れてきている。それを「ネオ方言」的運用と捉える立場がある(太田2001 参照)。

若年層話者たちの地元と地元のことばに対する強い志向には瞠目するものがある。その将来に注目していきたいと思う。

注
(1)「カライモ普通語」の地元における位置づけの変容に関しては、木部暢子「方言の転換期、『カライモ普通語』の位置付け」(『パラダイム論の諸相』鹿児島大学法文学部、1995)を参照のこと。

⑵ 倉井則雄『トン普通語処方箋—シマの標準語をすっきりさせる法—』(広報社、1987)である。

参考文献

太田一郎(2001)「鹿児島のネオ方言」『鹿児島学のプロフィール2』鹿児島大学法文学部「新しい鹿児島学」事務局

高木千恵・黒木邦彦・黄永熙(2006)「奄美大島瀬戸内町におけるネオ方言の名称と評価」『奄美大島における言語意識調査報告』大阪大学大学院文学研究科真田研究室

水谷美保・齋藤美穂(2006)「奄美方言話者の使用する『ナンカ』の特徴」真田信治編『薩南諸島におけるネオ方言(中間方言)の実態調査「奄美」』大阪大学大学院文学研究科

(2006.2)

12.　方言研究における不易と流行

1　はじめに

　上野善道氏は、消滅の危機に瀕している方言の調査にかかわって、日本語方言研究の問題点として、「本格的な記述研究が非常に少ない」ことを指摘し、次のように述べている（上野2002）。

　　日本語方言研究の欠点を別の面から見れば、「徹底的な調査研究が少ない」ということでもある。この典型例は、かつてのアクセント調査に見ることができる。わずか数十語の名詞に助詞の「ガ」を付けた形を調査するだけでアクセント調査は終わりとするのが主流であった。アクセントの区別がある方言においては、本来、文法項目・語彙項目をとわず、すべてのアクセントの調査対象となるはずなのに、かくも簡単な調査で分かったことにしていたのである。
　　理論的に面白いトピックスだけを摘み食いする傾向、方法論を重視してデータはその検証材料に過ぎないとする考え方

もまた、これと無関係ではない。多量のデータを集め、その
データ全体の解釈を試みて、そこから新しい理論を組み立て
るという方向に進んだ研究は驚くほど少ない。

　その残念な一例が言語地理学だと思う。日本の言語地理学
は糸魚川調査をきっかけに急速な発達を遂げた。学区、使用
語彙と理解語彙、方言意識、質問方法による分布の差、文献
資料との突き合わせなど、多くの新しい視点による調査と地
図解釈が行なわれ、おそらく世界で最も進んだレベルに達し
たと私は判断する。この段階までは、仮説と調査とその結果
の地図解釈の三つがうまく絡み合っており、その魅力は多く
の若い研究者を引き付けた。

　ところが、新しいトピックを追い続けてそれがほぼ出尽く
すと、途端にすることがなくなり、未解釈の地図がたくさん
残っていたにもかかわらず、学界全体の関心が急速に冷めて
しまった。さらに、調査項目の選定にも問題があった。狭域
地図が中心であった関係もあるが、面白い分布が出るものに
重点が置かれすぎて、全体としての言語の周辺的な部分だけ
が対象となり、基礎的・中心的な部分にまでは至らなかっ
た。

　その情熱が冷めた時期は、あたかも『日本言語地図』全6
巻が完成した頃である。これから「日本全体」の分布図の解
釈を行なうべき材料が正に揃った段階で、言語地理学はいわ
ば流行としての終わりを迎え、次の社会言語学のほうに移っ
てしまったのである。『日本言語地図』を解釈して今の日本
語方言がどのようにして成立したかを明らかにすることこ
そ、少なくとも日本における言語地理学の目標であったはず

である。そしてそれは多くの実りをもたらしたはずである。それを行なわないままに、解釈の技術のみの開発で終わった感があるのはまことに残念でならない。

このコメントにおける「方法論を重視してデータはその検証材料に過ぎない云々」といった記述に関しては、筆者はそのような研究特徴はむしろ欧米の研究に多いのであって、日本での研究はあくまでデータの積み重ねから実態を見ていこうとするところにあった（理論構築への姿勢は乏しいとしても）、と見ているので若干の違和感を覚えるのであるが、言語地理学の展開とその後についての見解はまさに正鵠を射たものである。

とはいえ、『日本言語地図』最終巻の刊行に立ち会い、その後、国立国語研究所で、『日本言語地図』データの検証調査や、方言談話の研究を進める過程で方言の社会言語学的研究の必要性を実感し、当該分野での研究を先導する立場になった者のひとりとしては、その間の経緯を説明する責任も感じるのである。

ここでは、筆者の遍歴とともに、1960年代以降の、日本の方言研究の軌跡を辿りつつ、方言および方言研究の不易と流行ということをめぐって考えてみたい。

2　言語地理学との出会い

筆者が言語地理学という学問に最初に接したのは学生時代、金沢大学での岩井隆盛先生の講義であった。それは1966年、時あたかも『日本言語地図』第1巻の発刊された年である。

講義で紹介された糸魚川言語地図にかかわる論文を片っ端から収集した。折しも 1967 年に言語地理学者、川本栄一郎先生の赴任があった。それはまさに僥倖であった。

筆者は、川本栄一郎先生の紹介もあって 1968 年、金沢大学から東北大学の大学院に進学した。ちょうど、この年に国立国語研究所で『日本言語地図』の作成にたずさわっていた加藤正信先生が東北大学へ転任してこられた。それはまた筆者にとって幸運なことであった。

3 「言語」と「社会」の相関

日本独自の展開を見せた言語地理学を別にすれば、当時までは、言語学研究は構造主義一辺倒の時代であった。筆者も大学院では方言の敬語形式の体系記述から始めたのであった。ただ、敬語の運用を記述する場合、どうしても社会構造、地域社会のタテ意識とヨコ意識構造とのかかわりを見なくてはならない、その相関を見ない限りは、運用のシステムが具体的には記述できない、というジレンマ、というか不満が噴き出してきたのであった。

そして、それは 1971 年のある日のことである。まだ大学紛争の燃え残りがくすぶっていた大学のキャンパスを早朝に徘徊していて、突然に敬語行動のリーグ戦式面接調査のことが頭に浮かんだのである。

このたび、その、「ある日」の具体的日付を調べてみた。昔の研究日誌を繰ってみたのである。そして、その「ある日」とは、1971 年 6 月 12 日のことであることが判明した。

対象フィールドである五箇山・真木集落での調査を開始したのは、その年の夏のことであった。ただ、このときはインフォーマントを選抜しての調査であった。

その結果を指導教官の加藤正信先生に報告したのは、1971年10月29日のことであった。データを二人で読みながら、どうしても集落全員からの回答が必要だ、ということになったのである。全数調査を決意した瞬間である。

その後、加藤先生から、東京都立大学の方言研究会で何か面白そうな発表があるようなので行ってみないかと誘われたのである。時は、1971年11月20日のことである。発表者は井上史雄氏であった。会場の都立大学に上る途中の道で、徳川宗賢先生と南不二男氏のお二人に合流したことが今も鮮やかに脳裏に浮かぶ。

発表は実は驚くべき内容であった。それは、柴田武先生を中心とする東京大学言語学科の学生たちによるフィールドワークの結果で、能登の上時国集落での、いわゆる「親族呼称」についての、集落構成員のお互いがどう呼び合うかといった、70人×70人の、（名乗りこそはないものの）いわばリーグ戦式調査によるデータの分析であった。しかも、その調査は1970年に実施されたものであった。

発表後の帰り道、井上史雄氏と途中の喫茶店で、筆者の真木集落調査の中間データの複写を渡しつつ、同時発想の偶然について語り合った。そのことを憶えていらっしゃるのかどうかは分からないのであるが、井上氏がその後も折りにふれ、敬語のリーグ戦式全数調査と図表化は真田によって結実した、と述べてくださっていることはありがたいことである。

なお、上時国集落での調査結果が公刊されたのは、1973年10月のことであった(柴田武「地域社会の敬語」『敬語講座6現代の敬語』明治書院)。ちなみに、筆者の真木集落での調査結果の公刊は、1973年6月である(「越中五ケ山郷における待遇表現の実態—場面設定による全員調査から—」『国語学』93)。

さて、真木集落の全数調査の完了は1972年1月であった。そのデータを早速に整理して、口頭発表したのは、その月、1月の22日であった(「『待遇表現』調査の一つの試み—越中五ケ山郷における言語と社会の関連を探って—」日本文芸研究会月例発表会、東北大学)。

この発表題目の副題を「言語と社会の関連を探って」としたことにはかなりの気負いがあったことを記憶している。当時は、上述のように研究のタームに「地理」はあっても、「社会」というタームの存在しない時代であった。「社会」との関連などを探るのは言語学研究においてはタブーであると叩き込まれていた、今は昔のことである。

そして、その内容を国語学会で発表したのは、その年の5月のことであった。なお、この年の4月から筆者は東北大学の国語学講座の助手になっていた。

4 社会言語学ことはじめ

その年から10年後の1982年、筆者は大阪大学の日本学専攻社会言語学講座に赴任することになった。この社会言語学講座は1977年に発足したばかりの、国立大学としては日本初の講

座で、伝統といったものもまったくなく、正直のところ戸惑うところがあった。そのことを見通してか、柴田武先生から救いの手がさしのべられたのであった。それは1981年秋のある日のことである。日本の社会言語学にどんな分野があり、どんな範囲のものとするかを共に考えよう、そのために、まず歴代の社会言語学の業績リストを作成してくれないか、というご依頼であった。

その成果が、真田信治・柴田武『日本における社会言語学の動向』（柴田武、1982年3月）である。そこには、戦前から1980年までの日本の社会言語学的研究文献666点の総目録を示した。

この目録を見渡して筆者なりに日本における社会言語学を鳥瞰し、その方言研究への応用を説いたのが、真田信治（1984）「社会言語学と方言」『国文学解釈と鑑賞』633号、114〜131頁（至文堂）である。そこには、

　　方言研究は、今まさに、社会言語学の研究方法を取り込んで肥るときであろう。狭い枠組みにとらわれずに新しい研究領域を開拓すべき時である。そのためには（中略）伝統的な方言学の枠に拘泥する必要がないことを意味しよう。同志が互いに手を結び、新しい方言学の確立を目指して努力したいものである。

と記し、新しい方言研究展開への期待を述べたのであった。その試みの一つが、徳川宗賢・真田信治編（1991）『新・方言学を学ぶ人のために』（世界思想社）である。

ところで、阪大の講座名「社会言語学」は、当然 sociolin-guistics の訳であると筆者は思っていたのであるが、この講座を立ち上げた徳川宗賢先生の言によれば、この講座の名ははじめ「現代日本語学」と考えていたが、これでは実験講座にしてもらえないので、実験講座になっている「社会学」と「言語学」をくっつければ実験講座化に有利になると考えての措置であり、sociolinguistics に直接の関係はないとの由であった（ちなみに社会言語学講座は結局実験講座にはなれなかった。なお、この社会言語学講座は大講座化の過程において「日本語学講座」に吸収され、現在は名が消えている）。この言を聞いて筆者は驚くとともに何かほっとしたことを憶えている。筆者自身、日本で問題とされる言語学的課題は、あくまで当該日本における事象を対象としてそのなかから導き出されるものであって、欧米人の視点で構築された理論的枠組みだけでもって日本の事象を論じる必然性はない、と考えていたからである。

　かつてあるところで、井出祥子氏から、「古色の社会言語学」と言われたことがあるが、そのことを筆者はむしろ誇りに思っている。われわれの社会言語学的方法は、時代的な流行などではなく、現代における必然の（あるいは不易というべき）方法なのだと考えるからである。上野善道氏も冒頭に掲げたコメントのなかで、消滅言語に対する「記述研究」の重要性を説きつつ、次のように述べている。

　　言語消滅の危機が進んでその最終段階になってくると、「記述研究がそもそも可能か」という問題が出てきて、広義の社会言語学のテーマに当然移行するであろう。

5 おわりに

　筆者は現在、消滅の危機に瀕した方言記録のプロジェクトにかかわっている。その観点から「方言における不易と流行」をも考えようとしたのであるが、どうも方言そのものに「不易」などということばはそぐわないのではないかという思いにとらわれたのである。

　たとえば八丈島方言。この方言はもう少しの余裕さえ残されていないほどに深刻である。中年層以上の世代をのぞけば、わずかな方言語彙、わずかな方言語法を知識として持つだけで、話せないどころか聞き取りもできない、といった情況にある。中高年層でさえ、地区によっては東京語による浸食が著しく、体系的な伝統方言の所有者はすでにまれな状態で、これまでかろうじて保たれてきた独自の体系が、ほぼ完全に東京語の体系に置き換わり、今まさに絶滅しようとしている。若年層では地域差がほとんど感じられないほどに東京語化が進んでいるのである。このような情況において、方言のどの部分が残りにくいか、その根幹部分が不易部分である、などといった論説はナンセンスであろう。

　もちろん、消滅のプロセスにおける項目間の遅速、ジャンルによる変化の度合いの違い、また、その要因に関する検討課題などはある。たとえば、東京語に直接に対応変換できない項目は遅くまで残るのか、あるいは早く消えるのか。またたとえば、鹿児島の若年層では語法面は東京語にほとんど置き換えているのにアクセントはかたくなに伝統を守っている。それに対して大阪の若年層ではアクセントは東京語にかなり冒されてい

るのに語法は変形させつつもそれなりに伝統を保っている。それは何故なのか。木部暢子氏はこの点をめぐって、大阪よりも鹿児島の方が保守的である、と筆者に語ったことがあるが同感である。「進取」と「保守」の二面性こそが周縁部の特性なのである。

　なお、「方言における流行」ということでは「新方言」のことが話題になろう。しかし、新方言の「研究」そのものは流行したかもしれないが、新方言的現象はいつの時代にも存在したはずである。そして、それこそが「方言における不易」というべきものではなかろうか。

参考文献
上野善道(2002)「日本語本土諸方言研究の課題」『消滅の危機に瀕した
　　世界の言語』344〜351 頁(明石書店)

(2003.4)

13. 「方言周圏論」の陥穽を超えて

1　はじめに―「方言周圏論」について

　『蝸牛考』(初版：刀江書院本 1930)における柳田国男の「方言周圏論」は、1960 年代以降の言語地理学において、学のよりどころとする原理として高く顕彰されたところである。柳田自身、この「方言周圏論」提唱の初期において、「これはさしずめ博士論文に価する」というようなことを周りにもらしていた由である(柴田武、岩波文庫『蝸牛考』の解説 1980 による)。したがって、はじめのころは相当な自信をもっていたと推測される。そのことは、「蝸牛考」の初稿発表と同時期(1927)に草された「蟷螂考」において、次のような表現が見られることからも明らかである。

　京都地方に行われた蟷螂の最も古い方言は、カマキリではなくしてイボムシリであった。(中略)今日京都にはもうこれを使う者はなく、かえって国の片隅に住って、ほぼ完全に保存せられているのである。(中略)すなわち一つ以前に確かに京

に行われたイボムシリは追い出されて、奥羽や山陰や四国に住って残り、その跡へは東海道を登って、カマキリが足利尊氏などのごとく、都に入って来て近国に号令しているのである。だからこの上なお三つも四つも同種の方言変化が見当たったならば、そろそろこれを法則の一つとして、承認することにしてもよかろうと思う。

この時点において、柳田はやはり「方言周圏論」の普及に強い意欲をもっていたのである。

しかし、新版(創元社本 1943)において、柳田の言辞は、

発見などというほどの物々しい法則でも何でもない。私は単に方言という顕著なる文化現象が、だいたいこれで説明し得られるということを、注意してみたに過ぎぬのである。

とトーンダウンし、また、「蝸牛考」を著した目的も、「児童の今までの言葉を変えて行こうとする力と、国語に対する歌謡・唱辞の要求と、この二つだけを抽き出して考えてみようとしたのである」として、その重点を、ことばの創造の方面に巧みに移行させている。そして、

今頃あのようなありふれた法則を、わざわざ証明しなければならぬ必要などどこにあろうか。

とまで述べているのである(真田信治、筑摩文庫『柳田國男全集』19 の解説 1990 による)。

さらに晩年にいたっては、「あれはどうも成り立つかどうか
わかりません」(「わたしの方言研究」『方言学講座　第1巻』東
京堂 1960)と「方言周圏論」について卑屈とも取れるコメント
を述べている。柳田はまた若い研究者が地理的な分布研究をし
ようとすることを極度に嫌った由である。柳田が分布地図を
使っての本格的な研究を進めることに消極的な態度を取るよう
になった本当の理由は何だったのか。

2　柳田による「区画論」批判

柳田は一方で、当時の「方言区画論」(「方言区画説」)に対し
ても激しい批判を展開している。

> 私は…いわゆる方言周圏説のためにこの書を出したもののご
> とく謂った人の有ることは聴いているが、それは身を入れて
> 『蝸牛考』を読んでくれなかった連中の早合点である。…そ
> れよりさらに心得難いことは、この周圏説と対立して、別に
> 一つの方言区画説なるものが有るかのごとき想像の、いつま
> でも続いていることである。…どうしてこのような想像説
> が、いつまでも消えずに有るのかすらも我々には不審なので
> ある。　　　　　　　　　　　　　　（創元社本 1943 による）

柳田は、このように、東条操の「方言区画論」に対して、執
拗に批判を繰り返すのであるが、そこには、区画論の究極が、
列島における民族や文化の多元性を浮かび上がらせるかもしれ
ないとする柳田の警戒心を認めることができる。柳田は、区画

論を、当時、構築しようとしていた「ひとつの日本」という器を切り刻む、危険な思想とみなしたのであった。

そこには、東条への潜在的なライバル意識とともに、当時の時局への迎合があるように思われる。が、何よりも異なる系統の文化を許容するわけにはいかないとする強い意思がそこにうかがわれるのである。

3 東条操の「方言区画論」について

東条は、日本語の方言が同一の言語体系から分岐したものと見なして、その方言体系を比較することによって、日本語の祖語を考え、現在の方言はそれがどのような経路を経たものかを明らかにするのが「方言学」だとした。これは、いわゆる「比較言語学」の考え方を援用したものであり、東条の場合、「方言学」＝「比較方言学」であった。

しかし、東条はそう説いただけで、実演をしないままに終わった。その具体的な実践は服部四郎、そして金田一春彦、平山輝男らによるアクセント研究においてなされることになる。ただし、服部四郎は、かつて、金田一春彦の研究に対して、「金田一君は比較方法を理解していない」と極言したことがあるという（徳川宗賢の談）。

比較言語学は、互いによく似た言語を相互に比較して、それらが共通にさかのぼる祖語を仮定し、そこからどのような変化を経て今に至ったかを、厳密な方法を用いて研究する学問である。そこでの基本的な観点は、それぞれの言語が他の言語と混じり合うことなく、純粋に固有の発展を経てきたといった絶対

的前提に立っていることである。したがって、言語が互いに接触・混交し、その構造までもが再編成される、といった実態を認めた場合、こういう研究方法は成り立たないのである。

柳田が多元論として批判した方言区画論、すなわち日本の比較方言学は、対象を日本語に限り、そのそれぞれの方言が同一の言語体系から分岐したものと見なし、その方言体系を比較することによって、日本国内に限定して日本語の祖語を考え、現在の方言は、それがどのような経路を経て成立したのかを明らかにするものであった。したがって、それは多元に向けての分裂、拡散化をするはずもなく、まさに一元(「ひとつの日本語」)へ収斂させようとするベクトルのものである。そのベクトルは、実は柳田における「ひとつの日本」への志向と同様のものとも言える。その点において、柳田の論難は的外れであったと言わざるを得ない。

4 日本語のアクセント研究に触れて

従来の説における、「一型アクセントは京阪式アクセントが変化したもの」というのは、「中央語が周縁地域へ攻め込んでいって、その地域において本来のアクセントを変えさせられた結果」と読めば(「崩壊」というのは攻めこんだ「中央語の崩壊」なのであって、その地域語自体の崩壊ではない。地域語はその崩壊に関与した張本人、と読めば)よいのではないか、と私は考える。

アクセント研究を主導した方々のすべてが「各地域に元々から京阪式アクセントがあった」と言っているのではない、と思

うのである。地域の人々が（あるいは研究者までもが）、この地にもかつては中央語と同じものが本来あったのだが規範が弱いので崩れてしまった、と考えること自体に問題がある（誤解がある）のである（真田 2008）。

　本来の比較方言学では中央語（祖語）の変化しか扱っていない（扱えない）はずなのに、そのような誤解を生じさせた原因は、アクセント研究を主導した方々の、比較方言学の本質についての説明不足にもあるのではないか、と私には思われるのである[1]。

5　柳田の思想の本質

　私の想像ですが、柳田先生は方言区画論の中に日本文化の多元性、悪くすれば、多元的発生説の匂いをかぎとられて、すくなくとも自分の目の黒いうちはそれを撲滅せねばならないという風に考えられていたんではないかと思っています。（中略）分裂する芽は外国の侮りを受ける危険を秘める。もし、芽があるようなら、これは未然に摘み取らねばならないというお考えがあったのではないでしょうか。区画論は危険な考え方である。さらに言えば分布研究一般にも危険がある。危険思想である。その危険も感じずに言語学的な研究を進めようとする者に対してご不満があって、そのような言葉が出たんじゃないかと思います。（中略）既に 20 年か 25 年前になると思うのですが、柳田先生のごく身近にずっと長くおられた大藤時彦さんに、なにかの席で、柳田先生がなぜ他人の分布研究を好まれなかったのだろうかと尋ねたことがあり

ます。その時、大藤さんが、「天皇制の関係じゃないかなあ」と一言洩らされたことが、わたしには非常に印象深く記憶されています。

(徳川 1994)

昭和に入ってからの柳田の思想の構え、あるいは、その眼差しの方位には、いわゆる一国民俗学の濃密な影がまとわりついて離れない。この、柳田自身が一国民俗学と称したものに関しては、少なからぬ人々によって、多くは曖昧模糊とした言及がなされてきた。わたしの了解はしかし、ある意味で、単純かつ明快である。柳田の一国民俗学とは、列島の北は津軽・下北から南は奄美・沖縄までを版図として、民俗のかけらを数多く採集し、系統的に蓄積し、その比較と綜合を仲立ちとしながら、「ひとつの日本」を下方から受肉させてゆく知の運動であった。明治維新をもって誕生した近代国家・日本は、いまだ空虚な器にすぎない、上から降ろされてゆく法＝制度的な動きによってではなく、あくまで下方から、その器に常民の現実に根ざした理念を盛ってやる必要がある、そう、経世済民の志向を抱えこんだ政治の人・柳田は考えていたはずだ。

(赤坂 2000)

柳田の周圏論は、都、すなわち京都のことばが周縁地域に残っている、とするわけで、それは、あくまで近畿に王権が成立して以降のことをしか対象にしてはいないのである。柳田が、北の津軽・下北から南の地域に考察圏をしぼり(蝦夷地であった北海道を意図的に無視して)、遡行する時間においても、その上限を歴史的古代に定め、それ以前への遡行を留保してき

たのは、まさに「単一民族国家」神話を補強するための営為で
あったと考えられるのである。

　柳田はしかし、文学的な想像力に支えられつつ構築した「ひ
とつの日本」という、いわば時局に迎合した枠組みについて、
いずれ再考の必要があると予感していたと思われる。実証的な
探究をすればするほどに、列島文化における重層性、多元性の
実体が当然のこととして認識されてきたはずである。そこでの
葛藤、ジレンマこそ、柳田が他人の分布研究を忌避し攻撃する
ようになった本当の理由なのではないか、と私は考える。柳田
が自らの方言周圏論を次第に引っ込めていったことも、柳田は
具体的に述べてはいないのであるが、その点からすれば首肯さ
れるところがある。

　（ただし、柳田の意図とは別に、周圏論は分布形成の解釈に
おける一つの有力な武器であることに疑いはない。近年の松本
修氏の研究なども参照されたい。）

6　柳田の思想の蹉跌

　日本の海端に、ココ椰子の実が流れ着くといふことは、決
して千年ばかりの新しい歴史では無かった筈であるが、書物
で海外の知識を学び取らうとした者は、却って永い間それを
知らずに居た。さうして一方には現実にその経験をもった
人々には、今までそれを談り合ひ、又考へて見るやうな機会
が、極端に少なかったのである。或はその為に私などの場合
のやうに、一つ二つの見聞ばかりがあまりにも騒ぎ立てられ
て、結局は綜合の利益が収められずに居たのであらう。

（柳田国男『海上の道』1961）

　日本文化の形成における「海上の道」を、最晩年にいたってではあるが構想した柳田である。柳田のなかには自らの長い探究のなかで培った、異質の文化や異質の言語との接触・混交、さらには民族の多元性といった本質的な課題が迫ってきていたはずなのである。"日本語の地域的な多様性は、異質な文化が重層的に存在することによってもたらされたものである"といった点を、一番に肌で感じていたのは、実は、当の柳田だったのではなかろうか。そこに、柳田の晩年における周圏論にかかわる沈黙の本当の理由があるのだろう、と私はひそかに思っているのである。

7　周圏論の陥穽

　ところで、方言周圏論は語彙に認められるもので、音韻・アクセントは文化の中心ほど保守的で、分布の形は周圏的でも歴史的順序は逆である、という説がある。

　しかし、周縁部の文化や方言が、中央部のものを変形させた新しいものであれ、あるいはかつての中央部のものの残存であれ、周圏論は、周縁の文化や言語が中央のものと同質であるとする前提の上に成り立っている。そこに基層文化や基層言語との接触、再編成の過程を考えるといったダイナミックな発想がないように思うのである。

　この周縁部と中央部の一体化ということの強調が、結果として、近代日本における国民統合的な精神支配を背景から支え

る、あるいはそれに貢献する役割を担うことになったのである。

8　おわりに—「日本語一元論」からの脱皮

　柳田が一国民俗学の牙城に立て籠もったのが、日本という近代国家が、アジアに向けて植民地侵略の戦争を仕掛けていった、まさに「満州事変」から「太平洋戦争」へと連なる戦争の時代であったことは、偶然ではない。ある意味では、一国民俗学は戦時下の所産であった。わたしはそこに、たとえ消極的なものではあれ、時代を覆い尽くしてゆく植民地主義にたいする抵抗の意志を認める。とはいえ、それはほとんど実効性を持たない、ただ関与を拒むという受け身の水準に留まるものではあった。そして、敗戦を迎えてからは、柳田の一国民俗学は、まさにその忌み籠もりにも似た身振りによって、広く受容されることになった。柳田が物語りしてきた、島国のなかで、侵略とも戦争とも無縁に、稲を作り祖先崇拝に生きる常民たちの牧歌的な風景は、おそらく日本人の多くがこうむった戦争の傷を癒してくれるものであった。

（赤坂 2000）

　ここに論評されている「一国民俗学」の立場は、戦中・戦後の日本語研究、方言研究に対してもそのまま当てはまるように思われる。特にアクセント研究は、比較言語学的研究と銘打ちながらも、対象を日本国内に限定し（日本周辺の情況を等閑し）、遡行する時間の上限を中古あたりに定め、それ以前への

遡行を留保してきた点において、いわば「一国言語学」とも称すべきものであった(真田 2011)。

　日本語研究、方言研究が、閉鎖的な「国語」の問題に限定され、対象フィールドも日本国内に限られていたことを反省しつつ、「一国言語学」を超えて、列島の内外において、ダイナミックに展開する言語の接触・混交の様相を、伝統的な学的セクトにこだわらず、具体的に跡付けたいと思う。

　なお、ここで「伝統的な学的セクトにもこだわらず」とわざわざ付け加えるのは、私が言語の個別純粋性を基にしての比較言語学的研究に対してアンチの立場にたつからである。私は、伝統的な比較言語学に対峙して、すべてのことばは、接触・混交することで変容し、発展してきたのだとする見方をとる者である。

　国家や地域の枠にとらわれない接触言語学的研究の展開を期待する所以である。

注

(1) ただし、金田一春彦は、かつて次のような解説をしている(金田一
 1980)。
 「たとえば、今の関東方言は、平安朝時代の近畿方言の系統だと言ったりする。その場合、平安朝、関東方言は、当時の近畿地方と同じ方言が行われていたと考えるわけではない。当時まったくちがった方言が行われていたかもしれないし、その可能性は大きい。しかしその後、いつの時代かに近畿方言がこの地へ入ってきて、それが関東固有の方言の影響を受けつつ、今の関東方言になったと考えるのである。」

参考文献

赤坂憲雄(2000)『東西／南北考—いくつもの日本へ—』岩波書店

真田信治(2008)「前衛派 山口幸洋さんの研究について」『方言研究の前衛』桂書房

真田信治(2011)「日本の方言研究と『ひとつの日本語』」『国語学研究』50

徳川宗賢(1994)「方言学から社会言語学へ」『阪大日本語研究』6

金田一春彦(1980)「比較方言学」『国語学大辞典』東京堂出版

（2015.11）

14. 〈書評〉添田建治郎著
『日本語アクセント史の諸問題』

（1996 年 5 月 15 日発行　武蔵野書院刊）

1　はじめに

　待望の書にやっと直に触れることができた。

　添田建治郎さんは最近次々と論文を発表して諸学会で注目を浴びているが、私はつねづね彼の目指している研究のその方向の全体的な姿を知りたいと思っていた。とは言っても、私はけっしてアクセント研究の専門家ではないので、この添田さんの本格的な著作を正面から評価する資格はないであろう。私の日誌によれば、添田さんとの出会いは比較的新しいところにある。しかし、竹馬の友のように思えるのは何故なのか。同じ世代で、同様な境遇において戦後の時代を共有してきたという点はもちろん一つの大きな要素ではあるが、それだけではないようである。緻密さとある意味での大胆さ、そしてシャイなところに熱い共感をおぼえる。

2 アクセントの本質

　本書は、日本語のアクセント史について、歴史的な文献の記述と現代方言アクセントの記述の両面から、その解明をめざしたものと総括できる。第一部は「アクセント文献から日本語アクセント史の解明をめざして」というテーマで、「活用語尾の拍内下降音について(第一章)」「日本語のアクセントを遡る(第二章)」「日本語のアクセントの成立(第三章)」「拍内下降音を有する語類小考(第四章)」「重複差声と『上平上』差声(第五章)」の5篇がまとめられている。第二部は「方言アクセントから日本語アクセント史の解明をめざして」というテーマで、「萩市見島の方言アクセントをめぐって(第一章)」「萩市見島の方言アクセントを遡る(第二章)」「九州諸方言アクセントの系譜について(第三章)」の3篇がまとめられている。そして、第三部は「方言アクセントの実態とその変容」というテーマで、「北九州市方言にみられる新たなアクセント変化の傾向(第一章)」「北九州市内筑前域におけるアクセント変化(第二章)」「小豆島諸方言のアクセント(第三章)」「隠岐の方言アクセント―2拍名詞を対象として―(第四章)」の4篇がまとめられている。

　初出一覧によれば、本書の中核と目される第一部の第一・二・四章はいずれも 1994 年の執筆である。そして第三・五章は今回の新規執筆になる。すなわち、この時期に彼がいままで蓄えてきたものがほとばしりでているのである。その勢いが本書をまとめようとするエネルギーにもなっていったのであろうと推察する。

添田さんの強みは何といってもアクセント記載文献の徹底的な調査にある。その点では私は本当に足下にも及ばない。彼は文献に記されたアクセントの記述の上にたって、さらに文献以前の日本語祖語のアクセント体系を再構するのである。

"日本語を祖語まで遡れば、1拍、2拍語はそれぞれ「◐、◑」「●○、○●」2種類の音調型を持っていたのではないか。"(27頁)とするのが添田さんの仮説である。1拍語のアクセントを「◐、◑」2種類と捉え、対応する2拍語の場合もその長呼形の「●○、○●」だったとみなすわけである。ところで、古代では、1音節語は音節を長くのばし、2拍に準ずる長さに安定させて発音することが一般的であったのではないか。とするならば、「◐、◑」は、実は「●○、○●」と同じであって、結局は、のぼり調とくだり調の二型ということになるのではないか。この点は大変に興味深い点である。私は、世界の言語に通ずる一般論として、「しめくくる力の置きどころ」がアクセントであると考え、基本的には、高いアクセントはくだり調で、低いアクセントはのぼり調で現れる、と考えるものであるが、畏友、添田さんの、文献の詳細な検討の上にたって帰納推定した結論がそれに端なくも合致したことに、ひそかに快哉を叫んだのである。

3　2拍5類名詞について

本書で私が注目したもう一つの点は、2拍5類名詞をめぐってのことである。この2拍5類名詞の形成に関する考察においても添田さんの緻密な分析は徹底している。まず、5類名詞の

○◑には複合名詞化の過程で形成されたものが多いことを具体例を挙げつつ解明する。しかしここでは彼は慎重である。複合語化によって○◑型化してきた語が現れ、5類に所属する語が増加したと説くのである。5類の○◑もその受け皿の音調型として古くより存していた、その意味で、京阪式における2拍名詞「4類／5類」の区別は、平安時代末期以降の新しい発生などではない、と。

　私も○◑型を奈良時代に認めるものである。しかし、問題はそのいわば機能負担量のことである。添田さんは、"複合語のアクセントとしてかく多様な過程で○◑が成るのは、この時期すでに、○◑が「2拍名詞の語類として確かな位置を占める安定型だった」ことを裏付ける。"(86頁)とするが、この点私は見解を異にする。私はこの時点では○◑型が安定したものではなかったのではないかと考えている。その不安定な要素の内包こそが、4類と5類の統合を促したものではなかったのか。その一方では、この不安定も、職能変化、母音交替で新たに2拍名詞として形成された語や、外来語出自の語・動物名がこの型に所属することによって安定を見ることになったのではないか、と考えるのである。

　ちなみに、現在の京阪式アクセントの領域は、この安定化後の体系が伝播したその範囲であると言えるのではなかろうか。

　ところで、京阪式の外側を囲むように分布する東京式アクセントでは、いずれも4類と5類が統合していることを添田さんはどのように捉えるのであろう。私は、この東京式アクセントは、中央語で5類が安定型を獲得する以前の不安定な情況から一旦統合へと進んだ時代の姿を一部反映するものではないかと

考えたいのである。その点では「九州諸方言アクセントの系譜」の中で述べられる、"筑前系や見島系の方言アクセントの場合、両系の祖体系が京阪式から分脈したのは、京都語において「『5類の例外』語が5類へと転成したり、複合語化そのほかで新規に5類語として成立する」以前、そして、「◗、●などのグライドの拍が消滅してA類〜D類が1類や2類へ転ずる」以前に遡ると考える。"(199頁)との見解は大変魅力的である。このような観点から東方のアクセントも改めて見直してみたいものである。

　なお、九州諸方言アクセントの系譜の表(212頁)において、「京都語の祖体系(名義抄を遡った体系)」を頭に添えつつ、具体的には4類と5類の統合したアクセント型をこの地での始原として各式を派生させていることは納得のいくところである。いわずもがなのことではあるが、このような系譜の各位置に描かれるものは、そのフィールドで転戦した中央語の変化の諸層というべきものである。研究の対象は、あくまで中央日本語(国語)の九州地域における展開についてであって、けっして九州における地域言語史を解明することにあるのではないという点を確認しておきたいと思う。

4　おわりに

　私は今、ミクロネシア連邦チューク州のモエン島でこの文を草している。かつて日本はこの地を30年間にわたり植民地として統治した。モエン島はかつての春島である。チューク語に定着している日本語からの伝播語のアクセントに関して指摘さ

れることは、1音節語では音節内に下降があり、2音節以上では　すべての語において、語末から教えて二つ目の音節にアクセントが置かれるという点である。たとえば、スー（酢）、セン（銭＝セント）などは、◐と発音される。また、ミソ（味噌）、コナ（粉）、ナペ（鍋）、マメ（豆）などは、すべて●○と発音される。サシミ（刺身）、アタケ（畑）、パリキ（馬力）、ラチヲ（ラジオ）などは、すべて○●○と発音される。

　チューク語のアクセント体系は、私の見るところ、型が一つしかないアクセントである。したがって、日本語からの伝播語のアクセントが上のように変形して発現するのは、チューク語の音的フィルターによる生成の結果と認められるのである[1]。

　このことは実は、日本の方言アクセントでの派生をめぐる説明にも反省をせまる内容を持っていると私は考えている。従来、わが列島の周縁部に分布する、いわゆる一型アクセントは、型が崩壊して出来上がった最も新しい段階のものとするのが斯界の通説ではあるが、中央日本語のアクセントが伝播する以前のわが列島周縁部での基層の音的フィルターの一部は、あるいはこのチューク語のようなものであったのではなかろうか。

　日本語（国語）のわが列島での展開の跡付けにおいて、基層の言語との接触という観点をも考慮にいれた、列島アクセント史を、帰納派の添田さんに是非検討していただきたいと思う。そしてそのことについて二人で語る日の来ることを、私は夢見ているのである。

注

（1）真田信治「一型アクセントとしてのチューク語─ミクロネシアでの言語調査から─」（『日本語研究諸領域の視点』上巻）明治書院、1996.10）を参照。

（1997.3）

15. 方言研究の新たなる出発

　本章は、2009 年 2 月 20 日、"新たなる出発" というサブタイトルで話した大阪大学での最終講義(のうちの「方言学」に関する部分)の抄録である。

1　ネオ方言

　私が国立国語研究所に入ったのは 1975 年でした。その翌年の 1976 年から方言文法の全国調査の企画、立案に参画することになりました。調査は 1977 年度から始まりました。全国の 800 地点を対象に、5 年間かけて調査を実施しました。完了したのが 1981 年度でした。それで、その時点を一つの区切りと考え、大学に移る決意をしました。1982 年に研究所からの配置換えという形で阪大文学部の社会言語学講座に移りました。四半世紀以上も前のことです。その間いろんなことがありましたが、まずは「ネオ方言」のことを話したいと思います。

　『方言文法全国地図』作成のための調査対象は、1912 年以前の生まれ、すなわち明治時代の生まれの人たちで、当時で 65

歳以上だったかと思いますが、その人たちを対象にして見ていた関西方言のデータと、実際に関西に来て見聞きする方言とがあまりにも大きく異なっていることに関心をもったわけです。1982年の5月頃だったと記憶しています。当時、研究室の助手をしていた生越直樹さんが、彼は大阪北部で生育したのですが、「来ない」ということばを自分は「コーヘン」と言う、周りは「ケーヘン」なので、「コーヘン」と言うと周りから変な顔をされる、というようなことを言ったのを印象深くおぼえているのです。現在、大阪北部では、もうほとんどが「コーヘン」になっているかと思います。その点では、生越さんの報告は、約30年前の貴重な証言と言えるでしょう。どうも関西には『方言文法全国地図』に採録されるデータとかなり違うものが発生している、その実態を確認したいということで、1985年度から科学研究費の補助金を得て、「関西方言の動態に関する社会言語学的研究」というプロジェクトを開始しました。関西の、特に若い世代の、伝統的な方言と違う新しい表現形について調査、記述するということをやったわけです。その過程での、1987年初夏のある日のことでした。自宅のベランダでぼんやりと空を眺めていて、突然、neo-dialectということばが浮かんだのです。さまざまな新しい形式の発生を総体として捉えるメカニズムが思い浮かんだのです。上の「ケーヘン」が「コーヘン」になるとか、「書ケヘナンダ」が「書ケヘンカッタ」になり、さらに「書カンカッタ」になっていくとか、「ソヤサカイ」というのが「ソヤカラ」を経由して「ダカラ」に変わっていくとかですね、それらを統合して説明する理論についてです。たとえば、伝統的な言い方の「アキマヘンガナ」が消

えて、東京弁の「だめじゃないか」に対応させた「アカンヤナイ
カ」が新しく生まれてくる。「アカンヤナイカ」が「アカン
ヤンカ」に変わり、さらに近年では「アカンヤン」が出てき
た。この「アカンヤン」の登場は、やはり東京で「だめじゃ
ん」ということばが生まれたからですね。「書ケヘンカッタ」
から「書カンカッタ」への変化も、東京の「書カナカッタ」に
音節数でも対応させようとするところがあるのですね。「コー
ヘン」にしても、「来ない」ということばが頭にあって、それ
を「ヘン」で打ち消そうとした結果出現したものではないの
か、そんなふうに考えたわけです。頭にある東京での形をもう
一度方言に引き戻そうとする力が働き、そこに対応変換が起
こっているのではないか、それは neo（回帰）ともいえる現象な
のではないかと、そういう一連のことが瞬時に頭をよぎったの
です。それはまさに啓示ともいえるものでした。そのように考
えてみますと、東京には対応するものがない関西独自の形式、
たとえば「ハンナリ」とか、「ケッタイナ」とか「ナンギヤ
ナー」とかですが、それらが消えていくというのも、実は、そ
れらに対応する東京での形が若い人の頭の中に存在していない
ので、方言への対応変換ができない、その結果の事態である、
と認識できるのです。消えていくのではなく、それらを使えな
い人が増えていくというわけですね。

　その後、1993 年に、対応変換というメカニズムに焦点を当
てて、アクセントを事例として考察しました（「対応変換─関西
アクセントを事例として─」『話しことばの科学と音声教育』
クバプロ）。たとえば、標準語では「アメガ」(雨が)であるの
で、関西人としては対応的に「アメガ」に変換する。それは正

しい回帰なのですが、一方、標準語では「フネガ」(船が)であるので、対応的に「フネガ」に変換する。結果、誤れる回帰が生じるわけです。対応変換の例を語法にとれば、たとえば、東京で「そうなんだ」「そうなの」という言い方が普通になってきたので、関西ではそれに対応させて「ソーナンヤ」「ソーナン」といった言い方が一般的になってきたといったことなどが挙げられます。

　また、1993年には、ネオ方言というのが、個別の要素を指すものではなく、一つのスタイルである、それはあくまで構造的な概念で、コードとして記述できるものであるという総括をしました(「地域言語のダイナミックス」『地域のロゴス』世界思想社)。

　そこで、このような見解を総合して世にアピールしたいと思うようになりました。ちょうどその頃、出版社のおうふうから方言に関するシリーズものの企画を依頼されたので、いいチャンスだと考え、「地域語の生態シリーズ」と銘打って、各地の気鋭の方々を誘い、それぞれに1冊ずつを書いてもらうことにしました。1996年のことです。自由に書いてほしいという要請をしたからでもあるのですが、そこでは、私の唱える「ネオ方言」的概念に対して、各氏それぞれに別の用語を使って記述されたのでした。高橋顕志さんは「地方共通語」とおっしゃいました。永田高志さんは沖縄で新しく生まれている言語変種を、井上史雄さんの唱える、いわゆる「新方言」とは別の概念において「新方言」とおっしゃいました。陣内正敬さんは、方言の新語生成のメカニズムに焦点を当てて「方言翻訳語」とおっしゃいました。そして、佐藤和之さんは「変容方言」「新

生方言」などとおっしゃいました。まさに術語の拡散情況になったわけです。なかで早野信吾さんだけは井上史雄さんの「新方言」と私の「ネオ方言」の異同を正確に解説してくださいましたが。ここは、まさに私のエディターとしての統率力の無さを露呈したというべきなのですが、いずれにしても、このような百家争鳴の事態は、当時、この分野での研究にエネルギーが充満していたことを示すものでもあったと思います。

2　クァージ標準語・クァージ方言

　1997年になって、同じように標準語と方言の間の中間的なスタイルでありながらもネオ方言とはレベルを異にする「クァージ標準語」に関する総括をしました(「話しことばの社会的多様性」『日本語学』16-5)。ネオ方言は一つのスタイルですが、使用する本人はあくまでそれを「方言」として捉えています。ですからそれをネオ「方言」と称したのです。関西での「コーヘン」を使用する若者も東京に行けば「来ない」に切り換えることができるわけですね。ですが、たとえば関西出身の先生が授業をするときのことば、アクセントは完全に関西弁、しかし本人は標準語をしゃべっていると思っている、というのがあるわけですね。それはネオ方言とは違う存在です。このように、使用する本人の意識においては標準語なのですが、厳密な意味ではやはり標準語とはいえないようなスタイルをどう名付けるかということがありました。これを「擬似標準語」と呼ぶ人がいます。私も「疑似標準語」と称したこともあるのですが、「疑似」ということばに少し抵抗があったので、「準」の意

味で、かつ「ネオ」というカタカナに対応させて「クァージ（quasi）」という表現を採用することにしました。「クァージ標準語」とは、方言の干渉を受けて形成された準標準語スタイルです（Long 1996）。語法は標準語で、アクセントは関西弁といった話し方です。たとえば現在の鹿児島市でのフォーマルな場におけることば遣いなども同様のものですね。

　以上の見解を図示すれば、図29のようになります。上に「標準語」、下に「方言」があるとして、その間に中間的スタイルがある。仮にそれらを α、β とすると、α は方言の干渉を受けた標準語、「クァージ標準語」、そして β は標準語の干渉を受けた方言、「ネオ方言」、すなわち「クァージ方言」ということになります。それから、境界を点線にしたのは、それぞれを明確な線では区分できないと考えるからです。ただし、話者の意識を利用すれば、案外、明確な線が引けるのかも知れません。なお、この枠組みを構成する要素の運用情況は地域によって、また個人によっても異なっています。たとえば、東北北部などでは β の層がまだ安定した存在とはなっていないように思われます。若者たちが自分たちなりの母方言スタイルをまだ持ちえていないのではないか。その実際の運用が α のみになっている場合も多いのではないか。そのあたりに地域差が存在しているようです。

3　「ウチナーヤマトゥグチ」と「ヤマトゥウチナーグチ」

　ウチナーヤマトゥグチは、本土語（ヤマトゥグチ）との接触、あるいは日本標準語習得の過程で、琉球語の干渉を受けて形成

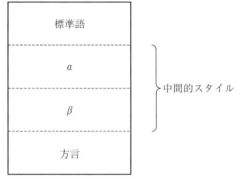

図 29 発話のバラエティの構造

された沖縄的な標準語スタイルです。これこそは、まさに私の言う「クァージ標準語」、図29 での α なのですが、これがいまや琉球列島全域での、いわば普通のことばとなっています。そのような情況において、このウチナーヤマトゥグチを母語とする若い世代の人々が伝統方言を母語とする年長者と意図的に方言で会話をしようとする場合、そこに標準語が干渉するということがあります。標準語の単語や文法を用いつつ、それを方言のように話そうとして、そこに生成されるスタイルがあります。地元でこれを、ウチナーヤマトゥグチならぬヤマトゥウチナーグチと称しています。これこそが私の言う「クァージ方言」のレベルに対応するものなのですね。かつて(1987年)、屋比久浩さんは、このスタイルを、「沖縄方言の不完全な知識しか持っていない人々が、日本語の表現の外形だけを沖縄方言に変換したためにできた言語作品」と定義しました(「ウチナー

ヤマトゥグチとヤマトゥウチナーグチ」『国文学解釈と鑑賞』
52-7)。

　ヤマトゥウチナーグチの具体的データを、高江州頼子さんの
報告から引用させていただきます[補1]。

　たとえば、「チューヤ　クサカイ　サーニ　イッペー　チカ
リタン」(今日は草刈をしてとても疲れた)といった表現ですね。
「チューヤ　クサカイ　サーニ　イッペー」までは伝統方言の
形そのものなのですが、最後の「チカリタン」が問題です。
「疲れる」という内容に対して、伝統方言では「チカリユン」
と「ヲゥタユン」の二つの表現があるのです。前者は精神的な
疲れを、そして後者は肉体的な疲れをそれぞれ表します。しか
し次第にその使い分けが薄れてきて、「ヲゥタユン」の方がほ
とんど使われなくなってきました。そこには標準語との対応変
換があるのだと思います。上の文脈は、肉体的な疲れですから
本来「ヲゥタユン」の方を使うべき場所なのです。しかし、こ
こでは標準語の「疲れた」に対応する「チカリタン」を使って
います。このような具体例はたくさんあります。沖縄の若い
人々が、もう一度方言に回帰したいという意識は強くあるけれ
ども、伝統方言そのものまでには戻りきれなくなっている。そ
こいらへんがまさに関西をフィールドに私が見てきたものと類
似していると感じているところなのです。

　以上の沖縄での実相を、図29の中に当てはめてみますと、
ヤマトゥウチナーグチはまさにβに対応するスタイルとなる
わけですね。

4　今後の課題

　2007年に国立国語研究所で、「世界の言語地理学」をテーマとする国際シンポジウムがありました。私もそこにパネラーとして加わったのですが、その討議の中で、ドイツのJoachim Herrgen さんが、マルブルグ大学で進行させている研究プロジェクトを説明しつつ、そのプロジェクトにかかわる Roland Kehrein による現代ドイツ語での発話のバラエティ（スタイル）の構造を示す仮設枠を掲示しました（図30）。それは私の発想を真似たのではないかと思うくらいに、私の枠と同様のものでした。上に標準語があって、下に方言がある。そしてその中間に Regiolect、まあ、地域語と言いましょうか、それがある。その地域語のなかでも、中央部に近い地域では、標準語的ではあるが地域語的なアクセントを持ったスタイルがあり、そしてその下に、方言に近い Lower Regiolect が存在する。ただし、北部ドイツ語のような方言の強いところでは、中間での2段階

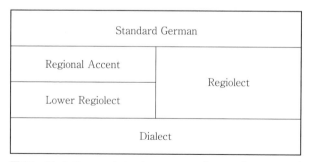

図30　**Varieties or styles in present-day spoken central German**

が存在せず、Regiolectだけになっている、というのですね。これに私は大変に興味を持ちました。上記のように、日本の場合にも、東北地方の北部など、方言の比較的強いところでは、中間での2段階が存在していないのではないか、というのが私の見解でもあったからです。

　各スタイルの運用に関する調査がいま進行中のようですが、データの収集は直接的な面接調査ではなく、なんでも、各地の警察署に緊急時に電話してきた人々の音声などをデータとして集めているということでした。そんなのを集めて分析することが倫理的に許されるのかどうか少し気になるのですが、それぞれのスタイルの運用にドイツ各地での地域差が出てきそうだということです。

　いずれにしても、この分野での日独対照研究に期待をしているところです。

参考文献

Long, D. (1996) *Quasi-standard as a Linguistics Concept.* American Speech 71-2

(2009.12)

補注

(1) その後、「方言の現在―沖縄」(真田信治編著『方言学』朝倉書店、2011)として公刊された。

出典一覧

1. 地域のロゴス(『地域のロゴス』世界思想社 pp.213-224—原題「地域言語のダイナミックス」、1993.6)
2. ことばの変化のダイナミクス(「言語生活」429—原題「ことばの変化のダイナミズム」、1987.1)
3. スタイルとしての「ネオ方言」(「日本語学」18-13—原題「ネオ方言の実体」、1999.11)
4. スタイル切り換えの様相(『シリーズ方言学3 方言の機能』岩波書店 pp.6-10、2007.10)
5. フィールドワークの方法(『フィールドワークは楽しい』岩波ジュニア新書 pp.28-36—原題「面接調査法のいろいろ」、2004.6)
6. 関西方言の現在(「日本語学」11-6、1992.6)
7. 変容する大阪ことば(「言語」29-1、2000.1)
8. 世代とことば(「日本語学」9-4、1990.4)
9. 方言の意識化について(『ことばの二十世紀』ドメス出版 pp.180-193—原題「方言の意識化と方言の実体」、1999.3)
10. ことばの社会的多様性(「日本語学」16-5—原題「話しことばの社会的多様性」、1997.5)
11. 新しい発話スタイルに対する評価(『奄美大島における言語意識調査報告』大阪大学大学院文学研究科真田研究室 pp.8-19、2006.2)
12. 方言研究における不易と流行(「日本語学」22-4、2003.4)
13. 「方言周圏論」の陥穽を超えて(「東アジア言語地理学国際シンポジウム発表レジュメ」、2015.11)
14. 〈書評〉添田建治郎著『日本語アクセント史の諸問題』(「山口国文」20、1997.3)
15. 方言研究の新たなる出発(「言語」38-12、2009.12)

あとがき

　ひつじ書房社主の松本功さんから、「日本語の動態」に関する既発表の拙論を集成したシリーズ本を編むようにとのお勧めがあったのは、2016 年の盛夏のことであった。

　私としては、フリーになれたとはいえ、ある種の空虚感に浸っていた時期で、躊躇するところがあったのだが、しばらくの逡巡のあと、〈言語変種〉〈言語接触〉〈言語計画〉〈言語習得〉をキーワードに、4 つのテーマ（「標準語史と方言」「地域・ことばの生態」「アジア太平洋の日本語」「ことばの習得と意識」）を設定して、各テーマに適う拙文を選び、テーマごとに論述を一本に紡いでみようと考えるにいたった。

　私は、この小シリーズ（全 4 巻）を斯界に呈して、厳しい御批評・御教示を仰ぐことで、蘇生への実感を得たいと思う。

　編集に当っては、拙論間で記載内容が重複する部分をカットしたり、表現の一部に変更を加えたりしたところがあるが、基本的にはもとの論述の内容をそのまま踏襲している。

　楽しみながらこの仕事を進めることができたのは、松本さんのお蔭である。また、編集作業を助けてくださり、貴重なコメントをくださったひつじ書房の兼山あずささんにも感謝する。

2018 年卯月、東京・日暮の里にて
真田信治

索引

数字

1段活用の可能動詞形　66
24時間調査　43
2拍5類名詞　133
2拍名詞のアクセント　72

あ

相手との社会的距離　89
アイデンティティ　9, 29, 87
アクセント調査　109
アクセント変化　73
アスペクト表示形式　12
奄美大島北部方言　98
奄美大島本島方言　98
誤れる回帰　22, 55, 142
改まり語　87, 90
改まり語コード　26, 29, 59
改まり度　30

い

意識アンケート調査　75
意識改革　105
一型アクセント　123, 136
一国民俗学　125, 128
一日の言語行動　43

一国言語学　129
糸魚川言語地図　112
井上史雄　15, 46, 113
イモ普通語　100

う

打消過去の表現　16, 80
打消表現の動態　50
ウチナーグチ（沖縄口）　91
ウチナーヤマトゥグチ（沖縄大
　　和口）　5, 92, 144
ウフヤマトゥヌクトゥバ（大大
　　和のことば）　91
上野善道　109

お

音的フィルター　21, 136

か

ガイアナピジン（クレオール）英
　　語　88
『海上の道』　127
『蝸牛考』　119
カジュアルスタイル　33, 54
カジュアルな場面　33, 88
過剰修正（hyper-correction）
　　22
加藤正信　112
カライモ普通語　94, 98
川本栄一郎　112
関西で力強く生き残っている形

式 82
関西弁アクセント　55
間投助詞「ね」　61
簡略化　73

き

疑似標準語　143
基層言語　127
基層の音的フィルター　136
機能負担量　134
基盤語　92
基盤語の干渉　92
基本マニュアル　45
逆行同化　16, 51
九州諸方言アクセントの系譜
　135
共通語　93
共通語化　3
共同体意識の微弱化　2
金田一春彦　122

く

クァージ標準語　95, 143, 144
グライドの拍　135
グロットグラム（地点×年齢図）
　49

け

敬語行動　112
敬語のリーグ戦式全数調査
　113

京阪式アクセント　72, 123,
　134
結果態　12
ゲマインシャフト　1
原因・理由を表す接続助詞
　30, 34
言語意識　97
言語運用のパターン　45
言語外的な要因　98
言語コード　87
言語地理学　110
言語内的な要因　66
言語の接触・混交　127, 129
言語変種の接触　97
言語レパートリー　87

こ

構造意識　81
構造的概念　25, 26
高知（幡多）方言話者　37
五箇山方言　90
国立国語研究所　3, 10, 67, 69,
　77, 111, 139, 147
語構成　92
個人の言語習得　63
ことばの創造　120
ことばのバラエティ（変種）　87
ことばの変異　65
子供たちの言語行動　59
コミュニケーションの情況　89
混交　71

混交形式　46

さ

産業化　1

し

自然観察法　41, 43
自然談話　41
児童語　65
柴田武　115
私秘化　1
シマグチ　91, 100, 101, 102, 103, 106
シマコトバ　100
シマヤマト　100
社会言語学　110
社会言語学講座　114, 116, 139
社会言語学的調査　65
社会的アイデンティティ　87
社会的(心理的)要因　66
社会的性向　1
社会的な変数　65
社会的ネットワーク　45
借用　66
集合調査　42
縦断調査　61
習得目標である標準語　92
準標準語スタイル　144
使用語彙の変遷　65
消滅の危機に瀕した方言　117
自律的な変化　66

進行態　12
「進取」と「保守」の二面性　118
親族呼称　113
"親"の結合　1
新方言　3, 15, 46, 118

す

スタイルシフト　30, 33
スタイル的意味　39
スタイルの運用　87
スピーチスタイル　6, 9, 26, 28, 32, 46, 62

せ

成人語　65
世代間変化　66
世代交替　66
世代差　69
世代とことばとの相関　65
世代内変化　65
潜在的権威(covert prestige)　54, 55
全数調査　113

そ

添田建治郎　131
俗語　27, 87
"疎"の結合　1

た

対応の単純化　54

対応変換　10, 54, 63, 83, 117, 141, 142, 146

ダイグロシア（二重言語併存）88

体系調整　49

対称代名詞　2

第二言語　60

「単一民族国家」神話　126

単純化　12

男女の社会的活動の相違　76

談話テクスト集　47

ち

地域差　69

地域スピーチスタイル　46

中央語の変化　124, 135

中間形式　26, 61

中間言語　29, 107

中間的スピーチスタイル　31, 46, 92, 95, 144

チューク語のアクセント体系　136

中途終了発話　37

つ

津軽方言話者　34

て

丁寧体　36

転移　50

伝統方言保存運動　106

伝播語のアクセント　135

と

同音衝突　51

東京語　67, 82

東京語化　117

東京式アクセント　72, 134

東京（下町）方言話者　37

東条操　121

「蟷螂考」　119

徳川宗賢　116

都市化　1, 77

都市型地域社会　77

十津川村のアクセント　72

飛び込み面談調査　43

トラッド（伝統）志向　10, 54

トン普通語　94, 98

な

内的変化　3

名古屋方言話者　35

「ナンカ」という形式　99

に

日常語　27, 87

『日本言語地図』　110, 111

日本語祖語のアクセント体系
　　133
「にほん」と「にっぽん」の出
　　現比率　44

ね

ネオ方言（neo-dialect）　15, 26,
　　29, 32, 46, 56, 62, 139, 140,
　　142
ネオ方言コード　47
ネットワーク調査　44

の

農村型地域社会　77

は

拍内下降音調　19
八丈島方言　71, 117
発話スタイル　97
発話のバラエティ　147
話し手の社会的位置　88
場面差　69
バリエーション（変異）　88
ハレの領域　26
半話者（semi speaker）　98

ひ

比較方言学　122
ピジン英語　88
「ひとつの日本」　122, 125
「ひとつの日本語」　123

非標準形式　15, 19
標準英語　88
標準ガイアナ英語　88
標準語教育　91, 98
標準語コード　28, 33, 59, 60,
　　62, 63, 78
標準語奨励運動　91, 98
標準語スタイル　31
標準語と方言との弁別　76
標準語と方言の相互干渉　61
標準語能力　3
標準語の干渉　15, 21, 80
標準変種　98
広島方言話者　35

ふ

フィールドコミュニティ　44
フォーマルスタイル　33
フォーマルな場面　33, 88
普通語　93
普通体　36
「普通のことば」　107, 145
プロソディックな特徴　60
文化人類学　44
文化人類学者　45
文章語　27
文法化　39

へ

変項（variable）　30

ほ

方言学　122
方言区画論　121
方言形式の使用度　75
方言コード　28, 33, 60, 63, 78
方言周圏論　119, 120
方言スタイル　31
方言性の顕著な地方　93
方言談話　75
方言能力　4, 5
方言のパラダイム　62, 63
『方言文法全国地図』　139
方言撲滅運動　106
北部ドイツ語　147
母方言スタイル　144

み

民族の多元性　127

め

面接調査法　41

や

柳田国男　119
ヤマトゥウチナーグチ（大和沖
　　縄口）　145, 146
ヤマトゥグチ（大和口）　91

ゆ

ゆれ　67, 72

よ

幼児語　65
幼児語的標準語コード　59
予約面談調査　42

ら

ランダムサンプリング調査　77

り

リーグ戦式面接調査　112
琉球方言　98

る

類推　66, 81

れ

レジスター　28, 60
レズリー・ミルロイ　43, 45
連続帯　88

【著者紹介】

真田信治（さなだ しんじ）

大阪大学名誉教授。
1946年、富山県生まれ。東北大学大学院修了（1970年）。文学博士（大阪大学、1990年）。国立国語研究所研究員、大阪大学大学院教授などを経て現職。専門は、日本語学・社会言語学・接触言語学。

真田信治著作選集　シリーズ日本語の動態　第2巻

地域・ことばの生態

The Ecosystem of Language in Community
SANADA Shinji

発行	2018年7月29日　初版1刷
定価	1600円＋税
著者	© 真田信治
発行者	松本功
装丁者	大崎善治
印刷・製本所	三美印刷株式会社
発行所	株式会社 ひつじ書房

〒112-0011 東京都文京区千石2-1-2 大和ビル2F
Tel.03-5319-4916　Fax.03-5319-4917
郵便振替 00120-8-142852
toiawase@hituzi.co.jp　http://www.hituzi.co.jp/

ISBN978-4-89476-916-8

造本には充分注意しておりますが、落丁・乱丁などがございましたら、小社かお買上げ書店にておとりかえいたします。ご意見、ご感想など、小社までお寄せ下されば幸いです。

〈刊行のご案内〉

ガイドブック方言研究

小林隆・篠崎晃一編　定価 1800 円＋税

最近の方言研究の成果をふまえた方言学のテキスト。方言のしくみを扱った章を中心に、「テーマの設定」「調査の方法」「分析の方法」「参考文献」といった具体的な研究の手順を示した方言研究の入門書。

ガイドブック方言調査

小林隆・篠崎晃一編　定価 1800 円＋税

読者が調査の流れに沿って内容を理解できるように、計画の立案から実施、終了に至る各段階に応じて解説。方言調査のための具体的な技法をマニュアル化したはじめての手引き書。録音の仕方からお礼状の書き方まで。この 1 冊あればどんな初心者でも調査ができる。

関西弁事典

真田信治監修　定価 6200 円＋税

関西弁を対象にしたエッセイや社交用語ガイドの類は他方言に比べて圧倒的に多い。しかしながら、その全容を示す総合的な解説書、また本格的な「事典」はいまだ存在していない。本書はそのような渇望を満たすべく編纂したものである。関西弁の歴史、関西弁の地理、関西弁の位相、関西弁の変容、関西弁施策などに関して、学術的な記述を含みつつ、関西のことばに関心のある人なら誰もが手軽に利用できるよう、平易な説明を心がけた。編集委員：岸江信介、高木千恵、都染直也、鳥谷善史、中井精一、西尾純二、松丸真大

真田信治著作選集　シリーズ日本語の動態　第1巻

標準語史と方言

真田信治著　定価1800円＋税

「日本語の動態」に関するシリーズの第1巻。本書では、近代日本語における標準語の成立過程、それをめぐる地域社会での葛藤、そして、標準への〈集中〉と〈逸脱〉といった二つのベクトルの交錯の様相について、著者の既発表の論稿をセレクトし集成した。記述の情況はいずれも国語教育、日本語教育に当たって基本的に踏まえておくべき内容である。